演習 児童文化

保育内容としての実践と展開

小川清実 ● 編

小川清実
森下みさ子
内藤知美
河野優子
小林由利子

萌文書林

まえがき

　「児童文化」という科目が、保育者養成を担っている大学等に設けられていることが当然になっています。「児童文化」という科目名ではない場合でも、内容として含まれている科目があるところが多くあると思います。

　厚生労働省の保育士養成のための必修科目ではなく、また、文部科学省の教員養成のための必修科目でもないのに、「児童文化」という科目がさまざまな学校で、保育者になろうとする学生のためのカリキュラムにあるのです。これは、かなり意味深いことだと思います。実際の子どもとかかわる保育者にとって「児童文化」を知ることは大切であると、保育者養成を担っている人たちが考えている証拠だからです。「児童文化」とは何かについては、これから本書で学んでいっていただきたいことですが、一つ一つあげていけばキリがないほど、その種類は多く、それぞれの奥も深いのです。「児童文化」の一つ一つには、プロがいるということからもそのことはわかると思います。

　たとえば、子どものごっこ遊びの一つである「劇あそび」が本格的になれば「演劇」という芸術になります。指人形などを使ってごっこ遊びをしているうちは単なる遊びですが、プロの人形遣いやプロの人形劇団は世界中にあり、大人が鑑賞するにふさわしい芸術作品になります。子どもが見ている絵本や紙芝居が、どれほど大人が大真面目に苦労して産み出した作品かどうかはまったく無関係に、子どもは喜んだり、好きになったりします。このように、子どもが意識しているのかどうかには関係なく、何らかの影響を受け、好きになり、実際にやっていくすべてが「児童文化」に入っています。

　とくに、幼い乳幼児にとっては、生まれてからまわりの大人や子どもからの声を聞き、見たもののすべてが学習の対象となります。保育者がうたう子守唄も、泣いている赤ちゃんをあやすその所作も、その一つ一つが「児童文化」といえます。

　子どもがかかわる「児童文化」について整理し、知識として蓄え、さらに子どもと実際に行動できるようになっていただきたいと願い、本書としてまとめました。とくに保育者になりたいと思っている方はもちろん、すでに保育者としてお仕事されている方も、日常の保育に役立てていただけたらと思います。

　なお、本書の出版にあたっては、萌文書林の服部雅生氏と田中直子氏に大変お世話になりました。ここに記して感謝いたします。

　　2010年10月

編著者　小川　清実

もくじ

まえがき 1

PART 1　児童文化とは何か

第1章　児童文化とは （担当：小川） 8
§1　変化する社会と児童文化 8
§2　児童文化と子ども文化 11
§3　伝承文化のなかの児童文化 14
§4　児童文化の発展 17

第2章　子どもにとっての遊び （担当：小川） 19
§1　遊びとは何か 19
§2　遊びで育つもの 21
§3　遊びの伝承性 23
§4　遊びの伝承者としての役割 24

第3章　子どもの遊びの変化 （担当：森下） 28
§1　子どもの遊びは変わったか 28
§2　子どもに任されていた遊び 29
　　1．自然を生かした遊び 29
　　2．伝統的な遊びの意味づけ 30
§3　大人が関与する子どもの遊び 30
　　1．おもちゃ屋の出現 30
　　2．子どもの遊びをめでる 31
§4　教育的視線が注がれた遊び 32

1．教育的視線の導入 32
　　　2．遊びの教育的価値 33
　§5　消費社会と子どもの遊び 34
　　　1．原っぱの遊び・路地裏の遊び 34
　　　2．テレビ文化の影響 34
　§6　電子空間と子どもの遊び 35
　　　1．電子空間の遊び 35
　　　2．遊びの可能性の見直し 36
　§7　遊びの変化をどうとらえるか 37

第4章　保育における児童文化 (担当：内藤) 39

　§1　保育の歴史と児童文化・児童文化財 39
　　　1．児童文化と児童文化財 39
　　　2．保育の歴史にみる児童文化 40
　　　（1）明治・大正期の保育と児童文化 40
　　　（2）戦後の保育と児童文化 44
　　　（3）現在の保育と児童文化 45
　§2　家庭や集団保育における児童文化・児童文化財の活用 46
　　　1．関係をつくる・関係を深める・関係を広げる 46
　　　2．子どもの身体・情緒を育てる 47
　　　3．自分のペースで出会う、くり返し出会う 47
　　　4．友だちと遊ぶ、みんなで遊ぶ 47
　　　5．生活の流れをつくる 49
　　　6．テレビ、映像メディアの利用を考える 49
　§3　子どもの発達と児童文化・児童文化財 50
　　　1．子どもの身体発達と連動した玩具 50
　　　（1）6か月未満：手や指を動かす、さわる、つかむ、にぎる、口に入れる 51
　　　（2）6か月～1歳3か月：手や指を使う、なめる、さわる、
　　　　　　　　　　　にぎる、つかむ、たたく、引っ張る、転がす、ふく、つかまって立つ 51
　　　（3）1歳3か月～2歳：歩きはじめる、言葉を話しはじめる、手を使う、
　　　　　　　　　　　見立てる、引いて歩く、押して歩く、まねして遊ぶ、重ねる、はめる 52
　　　（4）2歳～3歳：歩く、走る、跳ぶ、水・砂などの素材を楽しむ、生活の模倣と自立 52
　　　（5）3歳～4歳：ごっこ遊び、体全体で遊ぶ 52
　　　（6）4歳～5歳：構成遊び、挑戦するもの 53
　　　（7）5歳～6歳：数人の仲間と遊ぶ、ルールを守って遊ぶ、協同して遊ぶ 53

2．子どもの年齢や遊びに合ったサイズ、素材、形態 53
　§4　保育現場は子どもたちによる児童文化創造の場 54

PART 2　児童文化財の保育への展開

おはなし （担当：河野） 58

- おはなしとは 58
- おはなしの種類 58
- 保育現場でのおはなしの展開 60
- おはなしをする前に 61
  - ● おはなし：実践 ①― ねずみのすもう 63
  - ● おはなし：実践 ②― おいしいおかゆ 65
- .... **演習課題　1** 67

絵　本 （担当：河野） 68

- 絵本とは 68
- 絵本の種類 69
- 保育現場での絵本の展開 71
  - ● 絵本：実践 ― 子どもたちに絵本を読み聞かせよう 74
- .... **演習課題　2** 77

紙芝居 （担当：内藤） 78

- 紙芝居とは 78
- 紙芝居のしくみ 79
- 紙芝居を選ぶ 82
- 紙芝居を演じる 82
- 子どもたちが紙芝居をつくり、演じる 84
  - ● 紙芝居：実践 ― はなさかじいさん 85
- .... **演習課題　3** 89

もくじ 5

パネルシアター （担当：小林） ……………………………………… 90
- パネルシアターとは ……………………………………… 90
- パネルシアターの絵人形のつくり方 ……………………………………… 91
- パネルシアターのしかけについて ……………………………………… 92
- パネルシアターの舞台について ……………………………………… 93
  - ● パネルシアター：実践 ― てぶくろ ……………………………………… 94
- ……… 演習課題 4 ……………………………………… 97

ペープサート （担当：小林） ……………………………………… 98
- ペープサートとは ……………………………………… 98
- ペープサートのつくり方 ……………………………………… 99
- さまざまなペープサート ……………………………………… 100
  - ● ペープサート：実践 ― 日天さん 月天さん ……………………………………… 101
- ……… 演習課題 5 ……………………………………… 107

エプロンシアター® （担当：小林） ……………………………………… 108
- エプロンシアターとは ……………………………………… 108
- エプロンシアターの舞台の種類とつくり方 ……………………………………… 108
- エプロンシアターで使う人形 ……………………………………… 111
  - ● エプロンシアター：実践 ― ブレーメンの音楽隊 ……………………………………… 112
- ……… 演習課題 6 ……………………………………… 116

人形遊び （担当：小林） ……………………………………… 117
- 人形遊びとは ……………………………………… 117
- 子どもたちの人形遊び ……………………………………… 118
- さまざまなパペット ……………………………………… 118
  - ● 人形遊び：実践 ― 金のがちょう ……………………………………… 120
- ……… 演習課題 7 ……………………………………… 123

劇遊び （担当：小林） ……………………………………… 124
- 劇遊びとは ……………………………………… 124
- 劇遊びの形態 ……………………………………… 124
  - ● 劇遊び：実践 ① ― 三びきのやぎのがらがらどん ……………………………………… 126

- 劇遊び：実践 ② ― かいじゅうたちのいるところ 130
.... 演習課題 8 133

玩具・遊具 134

- 玩具（おもちゃ）とは (担当：森下) 134
- 保育のなかでの玩具の活用 (以下、担当：内藤) 135
- 遊具とは 137
- 保育のなかでの遊具の活用 138
- 玩具・遊具と安全性 139
  - 玩具・遊具：実践 ① ― 基地づくりごっこ 141
  - 玩具・遊具：実践 ② ― アスレチックづくり 143
  - 玩具・遊具：実践 ③ ― ごっこ遊び 145
  - 玩具・遊具：実践 ④ ― ブロック遊び 147
  - 玩具・遊具：実践 ⑤ ― パズル遊び 148
  - 玩具・遊具：実践 ⑥ ― すべり台 149
  - 玩具・遊具：実践 ⑦ ― ぶらんこ 150
  - 玩具・遊具：実践 ⑧ ― うんてい 151
  - 玩具・遊具：実践 ⑨ ― 砂遊び 152
.... 演習課題 9 153

伝承遊び (担当：小川) 154

- 伝承遊びとは 154
- 伝承遊びの種類 154
- 伝承遊びの魅力 155
  - 伝承遊び：実践 ① ― あやとり 156
  - 伝承遊び：実践 ② ― 絵描き歌 157
  - 伝承遊び：実践 ③ ― 鬼ごっこ 158
  - 伝承遊び：実践 ④ ― 折り紙 159
  - 伝承遊び：実践 ⑤ ― かくれんぼ 161
  - 伝承遊び：実践 ⑥ ― こま 162
  - 伝承遊び：実践 ⑦ ― たこあげ 163
  - 伝承遊び：実践 ⑧ ― 花いちもんめ 164
.... 演習課題 10 166

PART 1

児童文化とは何か

　このパート１では、「児童文化」の歴史や考え方を紹介している。「児童文化」という語が英語にはないことはすでに知られているが、「児童文化」という概念が日本独自のものであり、独自の歴史をたどってきたといえる。

　日本では、「児童文化」という語がない時代から、子どもを大切にする文化があった。柳田国男が述べているように「７つまでは神のうち」という考え方があったのだ。つまり、子どもが７歳になるまでは（数え年の考え方なので、現代風でいえば６歳）、人間ではなく神様という存在として人々がとらえていたのである。飢饉の年には、生まれてすぐに殺された赤ちゃんが多くいたことは、子殺しの研究から知ることができるが、なぜ、そのような残酷なことができたのかといえば、「７つまでは神のうち」の考え方が人々に浸透していたからと考えることができるだろう。もちろん、医学が十分に発達していなかった時代にあっては、ほとんどすべての赤ちゃんが大人になるまで成長したわけではないのである。それゆえ子どもの存在は、人々にとっては特別のものであったに違いない。だからこそ、日本の「児童文化」があり、これまで消えないで残されてきたといえる。

第1章 児童文化とは

 §1　変化する社会と児童文化

　「児童文化」という用語が日本で誕生したのは昭和のはじめであった。ちなみに英語には「児童文化」という表現はないことが知られている。日本において、「児童文化」という概念は、児童のための文化活動や運動を総称したもので、日本独自の概念である。

　「児童文化」という用語が人々の間に定着したのは 1935（昭和 10）年ころといわれている。「児童文化」という用語の創造者はわからない。児童心理学者の波多野完治とする説もあるが、本人は否定している。この時代は、大人が意識的に、一方的に子どもの教育のために用意し、良質のものを提供しようとしたのが「児童文化」であり、「児童文化運動」であった。

　「児童文化」という用語がまだ、使用されていなかった大正時代にも、雑誌「赤い鳥」に代表される児童文学運動は、児童文化運動ともいえる運動であった。雑誌「赤い鳥」は、大人が子どもに意図的な教育をしようとした運動であった。結果としては、青少年向けの大衆的な「立川文庫」のほうが大流行し、雑誌「赤い鳥」は衰退した。当時の考え方でいえば、子どもの教育のためにはじめた雑誌「赤い鳥」は「児童文化」運動であったが、単に読み物としてつくられた「立川文庫」は、当時は「児童文化」運動とは見られなかった。

　さらに昭和初期において、児童文化運動の中心となったのは、東大セツルメントに設立された「児童問題研究会」であった。この研究会には児童芸術研究部、児童組織問題研究部、学習研究部、児童読物研究部、保育研究部、児童社会問題研究部がつくられ、児童文

化のさまざまな面から研究が進められた。この活動は、学校に対して統制が厳しくなっていった時代の抵抗運動でもあった。反資本主義児童文学作家（プロレタリア児童文学作家）の運動が起こったが、すぐに消えた。これらは「児童の生活を正しく向上発展」させ、「児童の正しい生長を助長する」ために起こった大人たちの運動であった。そして児童文化運動であるという認識で行われていた。

やがて第二次世界大戦につながる戦争の時代になり、退廃的な文化が流行し、子どもの世界にも殺伐としたスリル、ナンセンスを中心とした紙芝居、漫画、読み物が流行した。低俗な漫画や不良図書に対しては「児童読物改善に関する指示要綱」が1938（昭和13）年に出され、国家の統制がはじまった。この統制によって低俗な児童文化財はなくなり、一見、良質のものになったかのように見えたが、統制が強まって、児童文化財は戦争に協力するものになっていった。こうして1945（昭和20）年に戦争が終結した。

そして、いわゆる「戦後」がはじまった。終戦の混乱のなかから子どもを守る運動が起こった。NHKは1945（昭和20）年には「幼児の時間」の放送（ラジオ）をはじめ、雑誌の「赤とんぼ」や「子供の広場」などが創刊された。1947（昭和22）年には「教育基本法」や「児童福祉法」などが公布され、子どもの生活が法律上は保障されるようになった。1951（昭和26）年に「児童憲章」制定、1952（昭和27）年には「日本子どもを守る会」が発足し、大人が子どもを守るさまざまな活動がはじまったのであった。

ここまでの社会では、大人が子どものために考えて起こした運動を「児童文化」としてとらえてきたといえる。反対に、大人が子どものことにはまったく関係なくつくったものは、たとえ子どもが喜んでかかわったとしても、「児童文化」運動とは呼ばなかったのである。20世紀になって、人々の関心事に「児童」が入り、「児童研究」がはじまってからは、児童、すなわち子どもの「ためになるもの」をつくりたい、運動したいという強い思いをもつ大人たちが存在したことが、日本の「児童文化」という概念の確立へと影響したと考えられる。

昭和20年代は、人々は暮らすのに精一杯で、実際に子どものことにまで手がまわらなかったのであるが、法律的には「児童福祉法」に基づいて児童遊園などが整備された。このようなことを十分に知っていたのかどうかわからないが、当時の子どもたちは、直接的な大人の手から離れたところで、しっかり生きていたとい

う事実がある。たとえば、「児童文化」活動の一つである、「遊び」は、とくに、子どもたち自身の手によって十分に開花された。遊ぶ時間も遊ぶ場所もたっぷりあった時代であった。このころの子どもたちは児童遊園だけではなく、空き地や寺や神社の境内などで暗くなるまで遊んでいた。その遊びが子どもたちの成長にいかに重要であったのかはずっと後に判明するところである。

昭和30年代はまだ経済的には貧しい時代であったが、子どものために良質の絵本をつくろうとする動きがあり、おもにアメリカの絵本を日本語に訳して、カラー刷りの本もできた。岩波書店の「岩波の子どもの本」シリーズがそれだが、まだ、アメリカの絵本をそのままの大きさで、そのままの色で出版することはできなかった。まだ絵本をつくるための経費は豊かではなかったからである。しかしながら後に福音館書店を起こした松居直のような大人が、子どものために文化的に良質のものをつくっていこうとする意欲が強かったので、その信念が現在の絵本の世界の発展につながったのである。

高度経済成長期には、高価な玩具が次々と生産され、子どもの手に渡った。皮肉にも同時に子どもたち自身が集団で遊ぶ時間は減少していった。バブルがはじけて、経済的に苦しい時代が比較的長く続いているが、高度経済成長期につくられた消費生活という習慣は変えられないで、今に至っている。子どものまわりには、ものがあふれている。子どもの教育のためにつくられたわけではなく、消費するためにつくられたものが多くあり、子どもたちは、それらとかかわっている現実がある。

こうしてざっと歴史を眺めてみると、日本の大人が子どもにどのような思いをもってかかわってきたのか知ることができる。良識ある大人たちは、子どもには「良質なもの」を授けたいという願いが途切れなくある一方で、これらとはまったく関係がないところで、実際の子どもが喜んで遊んだり、読んだり、見たりするものが生産されている。結果として、子どもを取り巻く環境が豊かになったといえるのか、いえないのか、複雑な状況を抱えている現実があることを認識せざるを得ない。

「児童文化」を「児童の文化」、言い換えれば「大人が用意した児童のための文化」としてとらえてしまうと、現実にそこに含まれないものがあまりに多くある。そこで、本書では、大人が子どものためにつくってきたもの全般と、実際に子どもがかかわっているもの全般の両方を「児童文化」ととらえることにしたい。そのなかでもここでは乳幼児にかかわる「児童文化」を取り上げることにする。とくに保育においては、子どもを取り巻く環境そのものが、「児童文化」あるいは「児童文化財」といっても過言ではない。赤ちゃんが生まれて、まもなく聞くであろう子守唄もその一つであり、寝かされている上をくるくるとまわっているメリーもその一つである。子守唄は、音であり、形には残らない「児童文化財」であるが、記憶に残っていくものであろう。メリーのように形として残っていく「児童文化財」も今や、保育の環境として総合的に考えていく必要がある。

§2　児童文化と子ども文化

「児童文化」という表現は、古い過去のものだと考えている人たちがいる。同時に現在でも「児童文化」という表現を使用している人たちもいる。古い過去のものだと考えている人たちは、「子ども文化」とか「子どもの文化」というような表現をしている。

これらの相違がなぜ生じたのかというと、「児童文化」の考え方が決まっていないからである。「児童文化」を大人が子どものために、子どもの教育のために提供した活動やものの総称ととらえるか、あるいはどのような経過で子どもに提供されたのかは問わず、子ども自身が実際にかかわっている活動やものの全般をとらえるのかの違いである。

一人で座ることがやっとできるようになった赤ちゃんが、お気に入りの玩具を手にして、自分で口元にもっていき、しきりにそれをなめて遊んでいる姿を見ると、赤ちゃんになめられている玩具は、「児童文化財」の一種である。これは誰が見てもそう思う。では、同じ赤ちゃんがスプーンを手ににぎって、一生懸命になめているのは、生きていくための食事の練習なのか、それとも、スプーンという食具ではあるが、そのときは「児童文化財」の一種ととらえるのか。この問いの答えは簡単ではない。「スプーンはスプーンでしょう？　児童文化財の一種では絶対にない」と考える人がいる一方で、「スプーンとはいっても、この場合、赤ちゃんにとってはなめるという行為のための道具。玩具といってもいいのではないか？」と考える人もいるだろう。

あるいは次のような場合はどうだろう。

赤ちゃんが一人でベビーベッドに寝かされている。赤ちゃんは眠っているわけではなく、目は覚めていて、まわりを見まわしている。ベビーベッドの柵にはメリーがつけられていて、心地よい音楽が鳴り、ゆっくりとメリーが回転する。メリーには木でつくられた動物が吊るされていて、音楽に合わせてゆっくりと回転している。赤ちゃんは、そのメリーを見ている。

このときのメリーや響いている音楽は「児童文化財」である。メリーは形になって目に見えるものであるが、響いている音楽は目に見えるものではなく、耳で聴くものである。そのどちらもこの場合には「児童文化財」という。このとき、音楽が何の曲であるかによって、「児童文化財」といってよいのかどうか、判断は分かれるかもしれない。その曲が童謡やクラシックであれば「児童文化財」であるといえるのに、テン

ポの早いロックであるとするなら、その音楽を「児童文化財」と呼べるのかどうか、人々の判断は異なるに違いない。けれども実は、赤ちゃんが童謡やクラシックが好きなのか、あるいはロックが好きなのかは、赤ちゃんの親次第で決まるといわれている。親が妊娠中、ずっとロックを聴いていたとしたら、赤ちゃんもロック好きになっている可能性がある。

　つまり、大人が子どもに良かれと思い、教育的につくった文化がかならずしも子どもにとって、心地よいとか、教育的とは限らないのである。このことは、最近の赤ちゃん研究からわかったことである。1970年代になってから、世界の赤ちゃん研究は急激に進んだ。それまで、生まれたての赤ちゃんが何もできない存在であると思われていたが、そうではないことが研究で証明されたからである。アメリカのコンドンとサンダーによる、生後12時間の赤ちゃんが大人の語りかけに同調した動きをするという『サイエンス』（183号、1974年）に掲載された論文は、当時の小児科医たちを驚かせたことは有名である。ちょうど超音波によって、子宮のなかを見ることが可能になった時期とも重なり、それまで胎児や新生児に関心を示さなかった医者や心理学者たちが、さまざまな実験を行うようになった。こうして現在では、胎児からの赤ちゃんのもつ能力がすばらしいものであることが確認されている。とくに最近では赤ちゃんの脳の研究によって、北極のような非常に寒さが厳しいところであっても、あるいは酸素が薄い高地であっても、砂漠であっても、生まれた環境に順応して生きていく力があることがわかった。赤ちゃんは、脳のなかで、自分が必要なものを選択していき、不要なものは捨てるということをしていることも明らかになっている。これからさらに解明されるだろう。

　このように人間の赤ちゃんはすばらしい能力をもって生まれてきていて、どのような環境であろうとも、その環境に応じて、生きていけるように生物的に仕組まれている。たとえば、子育ての文化は地域によってさまざまに伝承されてきており、それぞれの地域には、地域に応じた子育て文化がある。生まれたばかりの赤ちゃんをどのような状態で寝かせるのかということも異なっている。頭だけを残して、全身を広めの布でぐるぐると巻きつけてしまう方法をとる民族がいる一方で、赤ちゃんがゆったりと動けるように体をしめつけないように気をつけて衣服を着せる民族もある。どちらの方法も間違いではなく、赤ちゃんは自分がされるように、その地域に順応して生きていくことができる。

　このことから、赤ちゃんは親である大人がもっている文化を受け入れて、受け継いでいく力をもっているということがいえるだろう。

　さまざまな児童文化財のなかで、大人が、子どもに良かれと思い、してしまった間違いがある。それは、長い間、伝承されてきた昔話の一部を書き直してしまったことである。昔話は、作者不詳であるので、いわゆる版権がない。版権がないということは、どのよう

に書き直しても問題はないので、できたことであった。その書き直しはおもに、大人たちが「子どもの教育のために」行ったのである。昔話には、内容が一見、残酷と思われる場面がある。その残酷な場面を書き直してしまった。たとえば、北ドイツ地方の昔話であるグリム童話の「おおかみと7匹の子やぎ」の最終場面。おおかみをやっつけた（殺した）母親やぎと子やぎたちが、喜びの踊りを踊る場面である。本来のこの大事な場面を削ってしまうということがあった。もっとも、グリム兄弟でさえ、自分たちが聞き書きした話の一部を書き換えているので、大人にとっては昔話に手を入れることに罪悪感はなかったともいえる。昔話の書き換えを行った代表的な人にウォルト・ディズニーがいる。イギリス昔話である「3匹のこぶた」の書き換えをして、漫画映画を作成したのは有名である。本来、1匹目のこぶたと2匹目のこぶたは、おおかみに食べられてしまうストーリーが残酷だと思ったのか、2匹のこぶたたちは3匹目のこぶたのところに逃げていく。さらに、本来、3匹目のこぶたがおおかみとの知恵比べに勝った後に、おおかみを大鍋で煮て食べてしまうというストーリーであるのだが、3匹のこぶたたちがおおかみを懲らしめ、おおかみが逃げていくというストーリーに書き換えてしまった。漫画映画があまりにヒットしたために、全世界の子どもたちは、本来のイギリス昔話ではないディズニー版「3匹のこぶた」を知ることになってしまった。このようなことは、本来の昔話のもつ、貴重な意味が変わってしまったり、なくなったりするので、あってはならないことなのだが、実際には起こってしまい、その影響が消えることはほとんどない状況になっている。

　昔話の意味を分析して見せたのは、精神分析学者であるブルーノ・ベッテルハイムであった。彼の『昔話の魔力』（ブルーノ・ベッテルハイム著、波多野完治・乾侑美子訳、評論社、1978年）は、昔話の本来の意味を説いている。ベッテルハイムの業績は、昔話が人間の無意識に影響を与えることを明らかにしたことである。つまり、簡単に後世の人間が手を入れることはできないということを知らしめたのであった。現在では考えられないことだが、第二次世界大戦直後に流れた「ヒットラーは昔話を聞いて育ったために、昔話を実践したのではないか」という憶測が、実際に児童心理学者たちに行動を起こさせたのである。それが、昔話の残酷と思われる場面の書き換えであった。ベッテルハイムの主張は、児童心理学者たちに影響を与えた。ところが、すでに出版社が書き換えた昔話を販売していたために、書き換えられた昔話は依然として売られ続けている。そのためにいまだに本来の昔話と書き換えられた昔話が混在しているのである。

　子どもを取り巻くさまざまな活動や児童文化財と呼ばれるものは、これまでの歴史のなかで、もろく、壊れやすい傾向にあるといえる。大人が子どものために考えてつくったものが、一つ一つの活動やものの意味とは無関係に、子ども自身が受け入れて、実際に活動していくときに、それが子ども文化として位置づいていくのである。

§3 伝承文化のなかの児童文化

　児童文化あるいは児童文化財と呼ばれるさまざまな具体的なものや活動が、伝承されてきた文化のなかに存在していると考えることができる。伝承遊びに代表される遊びはまさに伝承文化のなかに位置づいている。子どもの実際の遊びを調査した半澤敏郎によれば、伝承遊びのことを「長い史的過程のなかで、日本人の一人一人が、伝承と継承とによって、今日までその遊事生命を保持し管理してきた、貴重な汎文化遺産」[1]であると説明している。人々が実際に行い、それを他の人々が同じようにまねて行っていくことをくり返して、伝承が成立する。

　これまでの歴史のなかで、大人が意識的につくった児童文化および児童文化財であっても、いつのまにか、自然に消滅してしまったものは伝承とはいえない。大人が積極的な努力はとくにしていないのに、長い間、人々が実践していることが伝承である。生活のなかには伝承されてきた事物が多くある。とくに、子育てのなかには各民族の伝承されてきた独特の文化がある。ここでは、日本の子育て文化を見ていこう。

　現在では、かなり簡略化されてきたが、それでも日本の各地域には、さまざまな子育てにまつわる行事がある。誕生した子どもに名前をつけることを記念する「お七夜」。これは赤ちゃんが生まれて7日目に行う命名の儀式である。生まれた赤ちゃんに命名し、一人の人間として認めるという大切な行事である。さらに生後30日くらいに行われる「お宮参り」がある。「お宮参り」は、現代でも多く見られる。もとは、生まれた赤ちゃんがその地域を守っている神社にお参りし、その神社の氏子として認めてもらうために行っていたのだが、現在では、住んでいる場所とは無関係に、たとえば有名な神社で「お宮参り」を行うことも多くなった。今や、住んでいる地域の神社の存在を知ることがなくなり、地域の氏子であるという意識も人々からはなくなってきているので、そのような現象があると思われる。そして、生後約3か月ころに行われる「お食い始め」がある。赤ちゃんに大人と同じ食べ物を食べさせる振りをする行事である。こうして生後1年がたてば、満1歳の誕生日となる。このときに、子どもに1升の重さの餅を背負わせて、歩かせるという慣習がある地域もあった。まだ、歩けない子どもにも、一瞬でも餅を背負わせた。丈夫に育つようにという願いを込めた行事である。

また、この時期の前後に行われることが多いのは、「初節句」である。男児の場合には5月の節句を、女児の場合には3月の節句である。子どもの親が節句を祝うために人形を買うのではなく、子どもの祖父母が人形を買い、プレゼントすることが一般的になっている。地域によっては、かならず母方の実家が用意することが決められているところもある。さらには「七五三祝い」がある。本来は、3歳と7歳に成長の節目として行われるものであった。3歳では紐つきの着物から帯

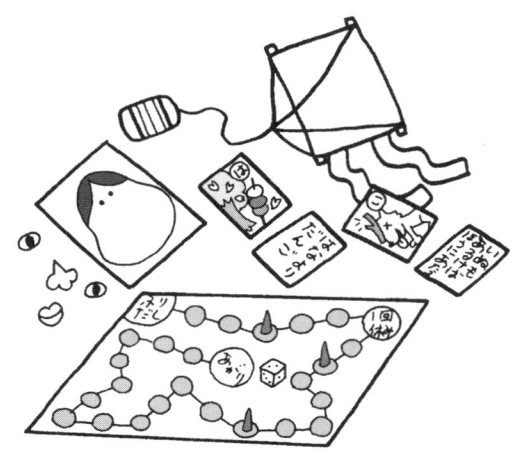

をしめる方法に変えることが実際に行われた。5歳ではおもに男児にはかまを着せて成長を祝った。7歳では一人前の子どもとして、氏子の仲間入りをするお祝いが行われた。現在ではこれらの意味はほとんどなくなり、子どもに晴れ着を着せ、家族を中心として子どもの成長を祝う行事となっている。

　これらの子育ての節目に行われる行事は通過儀礼としての意味があった。現在では、その意味は忘れられているのだが、形だけはまだ残っている状況である。その意味はわからなくても、形だけでも残っていれば、子育て文化が伝承されているということはできる。親から子への伝承があることは考えられるが、その伝承の役割を効果的に果たしているのは、人形を販売している業者であり、和服を販売している業者であり、宣伝を多くしている神社であったりする。それぞれは利益を上げるために行っているのであろうが、結果としてかつての通過儀礼である行事を伝承する役割を果たしているといえる。

　こうした通過儀礼だけではなく、日本の生活のなかには、「児童文化」と関連が深いさまざまな遊びがあった。たとえば、1月は正月であり、羽根突きやたこあげが盛んに行われた。かるたやすごろくや福笑いなども行われた。羽根突き用の羽子板や羽根、たこあげのたこ、さまざまなかるたやすごろくや福笑いなどが売られ、大人も子どもも楽しんだ。また、季節の移り変わりとともに草花を利用した遊びが行われた。さらに時期や季節とは無関係にこままわしやままごとに興じていた。斎藤良輔は次のように述べている。

　「日本の子どもたちは、千余年もむかし、唐時代の中国大陸から渡来した凧や独楽、そしてさまざまな室内遊具などによって、これまで知らなかった『遊び』の楽しさの祖型を与えられた。」[2]

　こうした遊びは、はじめは貴族階級のものであったが時代とともに庶民へ、大人から子どもへと広がり、江戸後期の『嬉遊笑覧』には300種類の子どもの遊びが紹介されていることをあげている。

　明治時代のごく初期から、子どもの玩具は売られていた。国内だけではなく、1870（明治3）年には日本製の竹とんぼ、千代紙などが海外へ輸出されている。1872（明治5）年

には海外からブリキ製の玩具が輸入された。1877（明治10）年にはたこあげ、羽根突き、こままわしを道路で遊んではいけないとする「路上遊び禁止令」が出された。交通妨害がその原因である。子どもたちが非常に遊んでいたことがわかる。1879（明治12）年には鉛めんこが出まわり、1881（明治14）年からは安価な玩具が駄菓子屋で売られるようになった。ちなみに紙製のめんこは1898（明治31）年に売られるようになった。こうして、子どもたちのまわりには遊ぶ玩具が手に入りやすくなる一方で、外国から高価な玩具も入ってきた。1906（明治39）年には、日本玩具展が大阪で開催され、「子供博」が東京で、「京都子ども博」が京都で開催された。1910（明治43）年にはドイツのドレスデンで開催された万国衛生博覧会に、すごろくや羽子板などが出品された。博覧会に出品したことから、日本の玩具が世界に誇るものであったことがわかる。1912（明治45）年には玩具の教育関係の研究者と玩具業者で「東京玩具研究会」が結成された。玩具に対する大人の真剣な態度がうかがわれる。

　子どもたちは駄菓子屋の店先に集まって遊んでいた時代であった。海外から新しい製品が入ってきて、大人たちはそれまでにはない玩具をつくり、子どもたちはその影響で、大いに楽しんだということができる。子どもだけではなく、大人も玩具という存在にわくわくしながらかかわっていたのではないかと推測できる。ときには、紙雷管つきの短銃や爆音花火など、危険と思える玩具に対しては禁止されたが、玩具も海外からの文明を受け入れ、さらに日本独自の技術を高めていった時期なのである。子どもの遊び道具としての玩具は、時代を経ても衰退することなく、現在に続いている。

　玩具とともに、子どもの遊びも伝承されてきた。子どもが大人になる前に、子どもとしての時間を十分に過ごせたことが、遊びの伝承を支えた要因である。また、大人が子どもを育てていく際の「あやし歌」や「遊ばせ歌」と呼ばれる類の遊びも豊かであった。大人が赤ちゃんをあやす際には、四七抜きといわれる独特の節まわしをもつ歌をうたいながら子どもに語るのだが、その類の遊び歌は人から人へと直接、伝承されてきた。残念なことに、現在ではその節まわしがわからなくなっているものも多くある。なぜなら、これから子育てを担う若い人々が、子育てをしている大人の様子を直接見る機会が少なくなってきたことが、その原因である。核家族化と少子化がそれに拍車をかけている。児童文化は大人の伝承文化のなかで、花開き、受け継がれてきたものであることが明らかである。

§4　児童文化の発展

　先に紹介した斎藤良輔は、子どもの遊びの研究者であるが、その斎藤が1985（昭和60）年に次のように述べている。

　　「明治・大正・昭和―この三代百余年の歩みは、それまでの千余年の歴史にもない幾多の変革をくぐり抜けながら、過去の十倍の速度で繁栄の花道を行進してきた。いま、世界有数のゆたかな子ども遊びを持ち合わせているのは、この国土がグローバルな児童文化の流れを受けとめてきたターミナル的な島国であることと、数多く伝えられたものを巧みに消化し発展させてきた国民性とが考えられる。
　　ただ最近子どもたちの間に一種の『おもちゃ離れ』現象が起こり、加えて遊び時間、遊び場所、遊び仲間の遊び三原則が失われてゆく現実がある。子ども社会崩壊の危機を前に〈遊びの楽しさ〉の復権を期待したい。」[3]

　斎藤がこのように述べてから数十年後の現在、斎藤が心配したように、子ども社会が崩壊してしまったともいえる現実があることを改めて認識せざるをえない。残念なことに、子どもたちから遊ぶ時間も遊ぶ場所も遊ぶ仲間も奪ってしまいつつある現在の社会を考えるとき、子どもたちに子どもらしい時間と場所と仲間を取り戻す努力をしなければならない。とくに小学生以上の子どもたちの放課後は塾やおけいこごとのために、子どもたちだけで過ごす時間が非常に少ない。子どもにとって、このままでよいとは思えない。
　現在、保育の世界では子どもたちに十分に遊ぶ時間、好きに遊ぶ場所、遊び仲間を確保しようとしている。保育の世界では、児童文化財なるものが保育環境には欠かせない存在である。子どもにとって遊び場であり、遊び道具であり、遊びそのものである。大人が子どものためにつくった絵本や童話や紙芝居や歌など、あげていけばきりがない。また、大人である保育者が直接子どもに教えたものではなく、子ども自身がはじめた活動のすべてを遊びと呼ぶなら、保育所や幼稚園は児童文化財の宝庫であるといえる。
　保育の環境として保育者が児童文化財を理解し、研究しておくことは、保育の展開上、必要不可欠であるのである。保育環境として、保育所や幼稚園にはどのような児童文化財があるだろう。保育室を見まわすと、子どもが遊んでいる活動の数々がイメージできるだろう。ままごとコーナーでは、ままごとが展開されるような食器やフライパンや鍋がある。数種類のブロックや大きさが異なる積み木が用意されている。折り紙したり、絵を描いたりできる場所には、折り紙や紙やクレヨンや鉛筆が用意されているだろう。子どもの工作のためにのりやセロハンテープやはさみがあるだろう。音楽が好きな子どもたちは、ミニコンポから流れる音楽に合わせてダンスしているかもしれない。園庭にあるぶらんこに乗ったり、すべり台ですべっているかもしれない。子どものありとあらゆる活動は、児

童文化財と結びついている。降園前には保育者が子どもたちに絵本を読んだり、手遊びをするかもしれない。これらの活動の一つ一つが児童文化財としてあり、大人である保育者や、活動する子ども自身は児童文化の伝承者なのである。

　児童文化の伝承者としての意識を保育者である大人がもつことが、保育活動の一つ一つの意味を考え、見出すことに通じる。保育活動の充実を考えることが、児童文化そのものも位置づけるのである。

[第 1 章 引用・参考文献]
1) 半澤敏郎『童遊文化史』東京書籍、1980 年、p. 17
2) 3) 『別冊太陽　日本のこころ 49　明治・大正・昭和　子ども遊び集』平凡社、1985 年、p. 131

・飯島吉晴『子供の民俗学』新曜社、1991 年
・『別冊太陽　日本のこころ 49　明治・大正・昭和　子ども遊び集』平凡社、1985 年
・『別冊太陽　スペシャル　子どもの昭和史 1　昭和 10 年～ 20 年』平凡社、1986 年
・『別冊太陽　スペシャル　子どもの昭和史 2　昭和 20 年～ 35 年』平凡社、1987 年
・原ひろ子・我妻洋『しつけ』弘文堂、1986 年
・半澤敏郎『童遊文化史』東京書籍、1980 年

---

column　かくれんぼの「鬼」がいなくなってしまった！

　本当にあった話である。小学校からいったん、帰宅した子どもたち（小学 3 年生）が、再度、集まって遊んだときのことである。「かくれんぼ」で遊び出した。何度か「鬼」が交代し、A 男が「鬼」になった。A 男は目を両手で覆い、数を数え出した。他の子どもたちは、それぞれに自分が隠れるところを探して、隠れはじめた。A 男は「もういいかーい？」と何度かたずね、隠れている子どもたちは「もういいよー」と答えた。ここまでは普通の「かくれんぼ」である。隠れている子どもたちは、いつ「鬼」に見つけられるかと、どきどきしながら身を潜めていた。するとあまりにも「鬼」が自分を見つけにこないので、どうしたのかと思い、少し頭を出してみた。「鬼」に見つけられたと思ったが、まったくその気配はない。隠れていた子どもたちは、みんな「鬼」が自分を見つけにこないので、隠れていたところから出てきた。「鬼」がいなくなってしまったことに気がついた子どもたちは、「大変だ」と大騒ぎになった。事故が考えられるし、誘拐ということもある現代だからである。そこで、子どもたちは、自分の親たちに A 男がいなくなったことを知らせた。親たちも驚いて、A 男を捜し、警察に通報した。

　結局、A 男は無事に見つかった。どこにいたかというと「塾」にいたのであった。実は A 男はその日は塾に行く日であったので、自分が塾に行く時間になったので、仲間に何も告げずに塾に行ったのだった。

　一言「抜けるよ」と仲間に言っていれば、このような大騒ぎにはならなかったのは、いうまでもない。「かくれんぼ」の遊びが成立するための子どもたちの集団の組織力が希薄になってしまったといえるだろう。

第2章 子どもにとっての遊び

§1 遊びとは何か

　遊びとは何かという問いに対して、これまでいろいろな人が述べている。ホイジンガは『ホモ・ルーデンス』という書物を書いた。その意味は、「遊ぶ人」である。人間そのものが、遊ぶ存在であることを表明したのである。その後、カイヨワが『遊びと人間』を著し、4つの遊びの原理を示した。この原理は子どもばかりではなく大人の遊びのおもしろさを4つの原理として分析したものである。これらの哲学者を中心に、人間にとって遊びとは何かについて問われてきた。

　子どもの遊びについては、おもに教育学者たちがこれまで述べてきている。とくに現在、幼児教育・保育の世界では「遊び」がその中心にあるので、その重要性は知られている。しかしながら、子どもにとって遊びが重要であるとはいいながらも、実際の保育実践では遊びを無視しているといっても過言ではないような保育現場がある。また、小学校以上のような教授型の教育方法だけを理解している大人たちにとっては、子どもの遊びの重要性がなかなか理解できないという困難さがある。本来は人間にとって大切な「遊び」であるが、「仕事」や「勉強」と相対的な位置にあるととらえられてしまうという現象がある。いくら声高に子どもの遊びの重要さを叫んでも、なかなかそのことを理解しない社会がある。子どもの遊びを大切にできない社会で育てられる子どもがどのような大人になるのか、子どもの教育にかかわる私たちは常に考えていかなければならない。すでに、私たちのすぐ身近にそのような大人がいるのかもしれない。この問題は理論上のことに収まらず、現実の私たちの生活にかかわっている課題なのである。ここで改めて、子どもにとっ

て、遊びとは何なのか、その意味は何かを考えていくことにする。

　「遊び」とは何か。この問いに対して、わかりやすくまとめているのが、小川博久である。小川博久は、「遊び」が成立するためには、次の4つが必要だと述べている。まず第1に、遊びは遊び手が自ら進んで取り組む活動であること（遊びの自発性）、第2に遊ぶことそれ自体が目的で行われること（遊びの自己完結性）、第3に活動中にうまくいかず、苦しいことや緊張があったとしても、最終的には楽しさや喜びの感情をともなう活動であること（遊びの自己報酬性）、第4に自ら進んで活動に参加すること（遊びの自己活動性あるいは自主性）である。これらの4つの条件がそろってはじめて、その活動が「遊び」と呼ぶことができるのである。これらの条件が一つでも欠けていれば、「遊び」と呼ぶことはできないのである。保育者が強制して子どもに活動させるのは、「遊び」ではないのである。保育者をはじめとする私たち大人は、子どもの本当の「遊び」を尊重しているかどうかを見直し、どうしたら具体的に尊重していけるかを考えなければならない。

　津守真は子どもの自主性を育てるためには、子どもたちに十分な時間と、何でもできる場所と、砂や水のように自在に変化するものとかかわる仲間が必要であると述べている。斎藤良輔も遊び三原則として、遊び時間、遊び場所、遊び仲間をあげている。斎藤が述べる遊びの三原則は津守の述べる条件と重なっている。これらは子どもの遊びを大切にする際の具体的な手がかりとなる。これらの条件は簡単なようであるが、現実にはむずかしい。保育現場の限られた保育時間のなかで、子どもに十分な時間をどのように確保するのか、また、限られた保育空間のなかで、何でもできる場所をどのように確保するか、少子化のために他の子どもとのコミュニケーションがスムーズにできない子どもたちにとって、仲間づくりができるのか等、困難さが頭をよぎる。しかし今こそ、子どもの「遊び」を大切にする具体的な方法を考え、実践していかなければならない。

　保育のなかで実際に、子どもの遊びを大切にしている保育現場では、さまざまな工夫をしている。保育環境として園全体が、子どもたちにとって魅力的な遊び場となるようにしている園。木や草や花などの自然物が豊かであり、池のような水たまりがあることで虫などが生息でき、そこで子どもたちがやりたい活動ができるように教育的配慮をしている園。子どもに十分な時間を保証するために、登園してから昼食前の片づけの活動になるまで、自由に遊ぶ時間が十分にある園。子どもがやりたいことができるような教材を豊かに準備してある園。子どもたちの自主的な活動を尊重する配慮が保育者に共通にある園。このように子どもの遊びを大切に考えている園では、子どもの保育の教育課程や保育課程のなかにそれぞれの活動を位置づけているのが特徴といえる。

§2　遊びで育つもの

　「遊び」が子ども自身からはじまる、子ども自身の自主性による活動であり、苦労してもやり、他の目的があるわけではなく、活動することで満足するものである。このことから考えると、子どもは赤ちゃん時代から「遊び」はじめている。親である大人が指示しないで、赤ちゃん自らがはじめる活動はおそらく生後2か月くらいから見られる。生後2か月というと、お腹がいっぱいになった赤ちゃんがすぐには眠らず、親の顔を見たり、抱かれている上を見たりという行動がはじまる。この行動は赤ちゃんの自主的なものであり、遊びのはじまりと見てよいだろう。赤ちゃんは、誰から教わることもなく、まわりを見て、見えたものをまた見ようとする行動をするのである。人間の赤ちゃんは、他の人とコミュニケーションするために生まれてくるといわれている。誕生したばかりの赤ちゃんでさえ、声をかけてくれる人を見ようとする意思が感じられることがある。たいていは生後1か月を過ぎた赤ちゃんは、お腹がいっぱいで、気持ちがよいときに、声を出して聞いて楽しむこともする。傍らにいる大人に声で働きかけたりもする。

　こうして、生後5か月ころになれば、偶然の「いないいないばあ」の遊びを楽しむようになる。つまり、傍らにいるよく馴染んでいる知った顔が、何かの拍子に見えなくなったり、見えたりがくり返されると、赤ちゃん自らが「遊び」として大人にくり返すように要求するようになる。それは、またやってくれるに違いないという期待を込めて、笑う準備をして、大人を見つめている表情から、大人は理解し、やってみる。そして、赤ちゃんが喜ぶ姿を見て確認し、再び、大人は自分の顔を新聞などで隠す。また、赤ちゃんが喜んで笑う。このくり返しを何度でも行うのである。この「いないいないばあ」は、大人がしはじめたものではない。子ども自らがはじめたものである。子ども自身が満足するまで、何度でもくり返す。大人にとってみれば、飽きてしまうくらいの時間を費やすことになる。

　この「いないいないばあ」の遊びの発展としては、やはり子ども自身がはじめるのだが、「かくれんぼ」がある。やっとつかまり立ちし、つかまりながら歩けるようになった1歳前後の子どもが、親の背中にまわっていき、親の肩につかまりながら、自ら「ナイ」という。つまり、「自分は、いないよ」の意味である。突然はじまる「かくれんぼ」に親は、はじめは当惑するが、子どもが自主的に「かくれんぼ」をはじめたのだと理解すれば、「○ちゃん、いないねえ、どこに行ったのだろう？」といって、子どもの「かくれんぼ」につきあっていく。すると子どもはまた親の体を伝わって、前に来て、親の顔と自分の顔を見合わせて、「タ（○ちゃんは、ここにいるよ）」といってにんまりする。この行動を何度もくり返すのだが、この初期の「かくれんぼ」が5、6歳になれば、1人で鬼に見つからないように隠れる、本格的な「かくれんぼ」に続いているのである。「かくれんぼ」は、死と再生をテーマとする人々の深層にかかわる遊びであることが知られている。象徴的に、死と再生をくり返して成長していくというこの遊びの元が、まだ幼い乳幼児期から

あることを考えると、自主的にはじめる活動の意味が深いことがわかる。

また、2歳児クラスでの保育者と子どもとの「追いかけっこ」でよく見られる光景だが、保育者が子どもたちに「つかまえちゃうわよ」といって、子どもたちを追う振りをすると、子どもたちは「キャー」と歓声をあげ、少し逃げるが、すぐに止まって、保育者につかまえられるのを待っている。保育者につかまえられると、本当にうれしそうににこにこしている。保育者はつかまえた子どもをしっかり抱きしめるが、子どもは嫌が

ることはなく、反対に抱いてもらってうれしいので、喜んでいる。この「追いかけっこ」は成長して、走ることができるようになった子どもたちが普通にする「鬼ごっこ」へとつながっていくのであるが、追いかけて、つかまえる楽しさと同時に、つかまえられることを期待して逃げる楽しさを味わう。すなわち「追いかけっこ」は遊ぶ子どもたちが親しい人間関係になければ、成立しない遊びなのである。「追いかけっこ」は保育者にとって、子どもが自分と親しい人間関係になっているかどうかを判断する機会にもなっている。親しい人間関係を築くのは、くり返される人間的なやりとりである。

岡本夏木によれば、生後約1か月の間の母子相互作用で築かれた母子の信頼関係は、他の人との信頼関係に発展していく。子ども自身が不安になったときに受け止め、なぐさめてくれる大人がいれば、子どもはどんどん成長していく。保護者だけではなく保育者も、子どもとの人間的なやりとりで子どもとの信頼関係が築かれる。信頼関係が築かれると、子どもは「追いかけっこ」で遊ぶことを楽しむようになる。信頼関係がまだ築かれていない段階では、「追いかけっこ」は成立しない。親しい関係にない人につかまえられるのは、子どもにとっては恐怖でしかないだろう。つかまえる─つかまえられるという行動が、遊びであるかどうかは、活動している本人がそれを楽しんでいるかどうかにかかっているのである。

このように子ども自らがはじめ、楽しむ活動は、すべてに意味があると考え、大切にしていきたい。

§3　遊びの伝承性

　現在、子どもが遊ばなくなったといわれている。たしかに小学生以上の子どもたちが放課後、集団で遊んでいる姿を見ることは少なくなった。せいぜい自転車に乗って、移動している子どもの姿を見るくらいである。地域の幼稚園の園庭や小学校の校庭が一般に開いた時期には、遊ぶ子どもの姿でにぎわっていたのだが、心無い犯罪者によって事件が起こり、その結果、校庭などの一般開放はなくなってしまった。なくなったどころか、在籍している子どもの保護者でさえ、証明書がなければ出入りができない事態になっている。子どもは他の子どもの遊ぶ姿を見て、まねて、遊びそのものを覚えていくのだが、他の子どもの遊ぶ姿を見る機会が少ない子どもは、子ども自身が学ぶ機会を少なくしているのである。現在は、その意味で子どもにとっては学びにくい社会であるといえる。

　遊びだけではなく、生活の方法の伝承性も希薄になりつつある。まだ、大人の生活が地域に拠点をおき、地域の人々と密接な関係にあった時代には、大人の生活そのものが伝承されてきて、また伝承していった。たとえば農業や漁業を生業としている人々は、地域の人々と協力して行っていた。協力しなければ成立しない時代であった。生活のすべてが地域に伝承されてきた方法で行われていた。個人としての生活はなかったのである。

　大人の生活の伝承の方法が、まさに子どもの生活に影響を及ぼしていた。子どもは大人の生活の方法を見て、まねて、自分たちの子ども集団を組織し、行動していったのであった。スムーズに暮らしていくための人間関係を学んだだけではなく、具体的なやり方を見て、まねて、自分たちのものにしていった。すでに亡くなられたが、神奈川県横浜市の金井幼稚園園長であった木都老誠一は、保育時間中に切り出しナイフで、子どもに頼まれた遊び道具を子どもの目前でつくってやっていた。竹を削ったり、切ったりして、竹とんぼや車などを器用につくっていた。それを見ていた子どもは、園長がするのと同じように切り出しナイフで竹を削り、自分でつくりたい玩具をつくった。切り出しナイフは本物であり、刃はよく切れるものである。園長がいないところで、園長のまねをして、子どもは切り出しナイフを使っていた。

　この実践は、大人の生活を子どもに伝えるというものである。現在の生活では、切り出しナイフを子どもが使うことはまずないだろう。鉛筆でさえ、切り出しナイフでは削らない。大人の生活で頻繁に使われるのは台所の包丁であろうが、包丁を使わせて調理を幼い子どもに手伝わせている家庭が多くあるとは思えない。反対に危ないからと、子どもには触らせない家庭のほうが多いのではないかと考える。小学校高学年になり、はじめて彫刻刀をもつのが一般的だと思う。従来は、生活のなかで必要なものは子どものうちから実際に使わせていたので、大人になる前には、ほとんど一人前に道具を使うことができたのであった。

　請川滋大が行った北海道利尻島での聞き取り調査[1]でも同様のことが明らかになった。

2001（平成13）年に行われた調査であるが、70歳代の男性は、子どものころから海にもぐって遊ぶのが普通であった。また、50歳代の男女とも、やはり子どものころには海でもぐって遊んでいた。それが30歳代になると海にもぐって遊んではいない。この理由は海にあるウニの価値が上がったために、子どもたちに自由に海で採らせることを漁業組合が禁止したことであった。子どもが海に入らないように監視の目を光らせたのである。子どもが海にもぐって遊ぶことは、漁師になるための準備でもあったのだが、大人の経済的な事情で子どもたちに遊びの場所として、海に入ることを許さず、さらに将来、漁師になる可能性が高い子どもたちにその魅力を知らせる機会をも失わせてしまったことがわかる。現在の子どもは海ではなくプールで泳いでいるということだが、以前のように海で自由に遊び、もぐっていた時代には、溺れる人はいなかったという。多くの子どもが海で遊んでいて、多くの目があったので、事故もなかったのだろうということである。

「遊び」は、遊び手自らがやりたくてはじめる活動であり、目的は他にはなく、やっていることがおもしろくてやっているのだが、その活動が単に遊びとしておわるのではなく、大人の労働に関係していくものであることが、利尻島の聞き取り調査からわかる。子どもといえども、次第に年齢が高くなって、大人に近づいていくと、海にもぐることが、遊びの範疇からウニを売るという仕事に移行していくのである。権利などがうるさくない時代には、そのまま仕事へと完全に移ったのだ。海にもぐって、ウニを採るという行動は変わらないのだが、一方は遊びであり、もう一方は仕事となっているのである。子どもの遊びとは、仕事の範疇に入らない段階の活動であるといえる。子どもは海にもぐるという活動を、上手にもぐることができる人を見て、まねて、習得していった。遊びとして海にもぐり、ウニを採り、自分で食べたりして楽しみながら、くり返すことによって、実は将来、仕事として必要な技術をマスターしていく過程であったのだ。

§4　遊びの伝承者としての役割

「遊び」が伝承されるためには、子どもが直接、他の子どもたちが遊んでいる場面を見る必要がある。子どもは実際に遊んでいるのを見て、どのように遊ぶのかを覚えていく。一つ一つの遊びの遊び方を誰に教わったという記憶がある人はほとんどいないだろう。遊びとは、いつのまにか、知らず知らずのうちに、その遊び方を覚えていくものである。これは自らが遊びたいと願っているので、誰かが教えてくれたことであっても、強制的に教えられたとは思わないで覚えていく。そのために私たちは、「いつの間にか」とか「知らず知らずに」遊ぶことができるようになっている。

ところが最近では、他の子どもたちが遊んでいるのを見る機会が減少している。伝承がスムーズに進むシステムがなくなりつつあるのである。たとえば、伝承遊びと呼ばれている遊びは、まさにこのシステムがなくなってしまうと、限りなく少なくなることは予測さ

れる。半澤敏郎が行った遊びの調査でも、遊びの種類が確実に減少していることが指摘されていた。筆者も、毎年、大学生に子どものころ遊んだ遊びの聞き取り調査を行いまとめているが、子ども時代に「子とろ子とろ」の遊びを体験した人はいなくなってしまったし、「あぶくたった」の遊びを体験していない人まで現れた（次ページ、表1参照）。「花いちもんめ」の遊びのはじめにうたわれる歌はなくなり、「勝ってうれしい花いちもんめ」というフレーズからはじまるようになっている。子どもの遊びであるので、変化があることは当然なのだが、遊びそのものがなくなるという事実から、確実に伝承という機能が弱くなっていることがわかる。

　最近の子どもの事件から、現代の子どもが抱える課題が取り上げられる。まず、人間関係の希薄さがあげられる。たとえば、けんかの仕方を知らない。相手に重傷を負わせたり、死ぬと予測されることまで実行してしまうのは、幼い子どものころに直接、他の人と取っ組み合いのけんかを体験していないからではないかという意見がある。また異年齢集団で遊んでいないから、人とのつきあい方がわからないのではないかという意見もある。かつての遊びを子どもたちに伝えようという目的で、小学校では授業がない土曜日に、近隣の高齢者に「昔あそび」と称して、子どものころに遊んでいた遊びを子どもたちに教えるという活動をしていたこともある。しかしながら、この活動は子どもたちには根づかなかった。小学校の外で、すなわち放課後の生活にはほとんど影響を及ぼさなかったのである。すでに子どもたちの学校外の生活は塾などで忙しく、またTVゲームなどが定着していたため、竹とんぼや竹馬をつくることはおもしろかったかもしれないが、長い時間、集団で遊ぶまでは、魅力はなかったのだろう。「昔あそび」の実践から、伝承という機能を取り戻すことがいかに困難であるかがわかった。

　次に「遊び」を、保育所や幼稚園でどのように考えていけばよいかを考察しよう。

　小川博久は「遊び」を教育活動として位置づけたいと考えている。その理由は、もし「遊び」が教育活動ではないということになると、現在の保育所や幼稚園での保育・教育活動の中心を占めている「遊び」の意味がなくなってしまうからである。「遊び」は、子どもたちのものであることは確かである。だからといって、保育者がまったく子どもの「遊び」にかかわれないとしたら、「遊び」は保育内容の中核に位置づくことはない。理論的には「遊び」が保育現場で核になっているのだが、実際の「遊び」の実践では、保育者主導型の指導が行われることが多いのが実情である。保育者による強制的な活動は本来の「遊び」ではなく、子ども自身が遊びたいと思うような環境づくりをすることこそ、子どもにとって「遊び」のきっかけとなりうるのだ。

　では、保育者が行うその環境づくりとして何が考えられるだろうか。乳幼児期においては子ども自身がやりたい、はじめたいと思うようなものを子どものまわりに用意することである。子どものまわりのものこそが児童文化財なのである。子どもにとって、自主的にはじめた活動を楽しくやっていけるような配慮が保育者の指導なのである。子どもにとって魅力的と思われる活動は何か、子どもが苦労してでもやり続けたいと思う活動は何か、子どもがはじめたら、保育者はどのような行動をとればよいのか、子どもにとっての「遊

表1　遊び調査（2010年調査）

アイロンビーズ	かたき	定戦	毒ぐも	ベーゴマ
赤い屋根のおうち	学校へ行こうのゲーム	植物観察	跳び箱	坊主めくり
アクセサリー作り	ガッチャン	ジンギスカン	どまンボール	ボート遊び
アスレチック	ガチャガチャ	人生ゲーム	ドッジボール	ボードゲーム
あぶくたった	かまくら作り	陣地とり	ドラえもんごっこ	ポートボール
あみなげた	上毛カルタ	すいかの名産地	トランプ	ボーリング
ありじごく	紙ヒコウキ	ずいずいずっころばし	トランポリン	ボール遊び
あやとり	紙芝居	スイライカンチョウ	どろけい	ポケモン（ゲームボーイ）
アルプス一万尺	カラオケごっこ	すごろく	泥団子	ポケモンカードゲーム
あんたがたどこさ	カレー粉	ステレオゲーム	ドンジャラ	ポケモンシール
いかだあやとり	カレーライス	砂遊び	ドンジャン	ポケピカ
囲碁	かるた	スーパーファミコン	どーんじゃんけんポン	ポコペン
石蹴り	カン蹴り	スーパーボール	トンネルジャンプ	ポッピー
いすとりゲーム	缶ポックリ	滑り台	中当て	ホッピング
一輪車	木登り	相撲	菜の花が咲いている	ポピラ
伊藤家の食卓のゲーム	木の実つぶし	スライム	なりきりごっこ	ポポちゃん
一休さん	キックボード	雪中サッカー	なわとび	ままごと
いつどこで誰が何をしたゲーム	キックベース	セーラームーンごっこ	なんでもバスケット	マット
いっせいのーせい	キャッチボール	先生ごっこ	任天堂64	マック
犬を追いかける	くっつき鬼	戦争	ぬいぐるみ遊び	まるふみ
色鬼	くつとばし	線路は続くよ	ぬりり	○△□
色水	クモの巣ネット	ゾンビごっこ	にらめっこ	みかんの花
いろはにほへと	グリコ	大高中小	粘土	ミサンガ
ウィンクキラー	グリンピース	大中小平	登り棒	みそらーめん
ウォーリーを探せ	ぐるぐるまわる	体操	ハイパーヨーヨー	水遊び
腕相撲	暗闇ごっこ	台車	バスケットボール	水風船
ウノ	黒ひげ危機一発	タイヤブランコ	爆弾ゲーム	水鉄砲
海遊び	ゲームキューブ	タイヤとび	はさみっこ	ミニ四駆
うんてい	ゲームボーイ	だせだせ	バドミントン	めんこ
馬とび	けんけんぱ	高鬼	花いちもんめ	めだかの兄弟
ウルトラマンごっこ	剣道	宝探し	花札	もうじゅう狩りに行こうよ
絵かき歌	剣玉	竹馬	花笛	妄想小説
エスけん	公園	凧揚げ	花の冠作り	木工
絵本	こおり鬼	卓球	はねつき	モノレール
遠足	こっくりさん	竹のこ	パラパラ	モー娘ごっこ
王様じゃんけん	こま	竹の子にょっき	早口言葉	野球
大縄	五目ならべ	ターザンロープ	ハンカチおとし	山くずし
お母さんごっこ	ゴム鉄砲	たまごっち	パンダごっこ	雪滑り台作り
おしろいで化粧	ゴムとび	たんぼのた	ハンドベース	雪だるま作り
おしくらまんじゅう	ゴムだん	だるまさんがころんだ	ピタゴラス	指すま
おじゃる丸ごっこ	ゴロゴロドカン	だるまさんの一日	ビー玉	指相撲
オセロ	昆虫観察	ダブルダッチ	ビーダーマン	郵便やさんの落し物
おせんべやけたかな	ザリガニ採り	探検	ピコ	雪合戦
おちゃらか	サッカー	ダンスダンスレボリューション	ピピ	ヨーヨー
お寺の和尚さん	サバイバル（バスケ）	積み木	秘密基地	ラケットベース
お手玉	三輪車	ツイスター	病院ごっこ	ラジコン
おなべふ	ジグソーパズル	チッチー	百人一首	リカちゃん人形
鬼ごっこ	シーソー	ディズニーランドごっこ	ピンポンダッシュ	リズムに合わせて（リズム4）
お人形遊び	しっぺ	チャンバラ	ファービー	立体四面
おはじき	しっぽとり	手あそび	増やし鬼	リレー
お姫様を助けようゲーム	シール交換	手打ち野球	福笑い	りんごが3つ
おむすびころりん	自転車レース	でこぼこ	プラ板	レゴ
お店屋さんごっこ	自転車暴走族	手つなぎ鬼	フラフープ	レジスター
おりがみ	シルバニア人形	デジモン	ブランコ	レンジャーごっこ
かくれ鬼	射的	テトリス	ブランコわたり	ロボット人形
かくれんぼ	シャボン玉	鉄棒	フルーツバスケット	ローラースケート
がけ	ジャングルジム	テニス	フリスビー	ローラーシューズ
影絵	じゃんけん列車	テニポン	プール	ローラーブレード
影おくり	ジャングル鬼	伝言ゲーム	フルバ	わにさん（滑り台での遊び）
かけっこ	将棋	電車ごっこ	プラレール	輪投げ
影ふみ	ジェンガ	てんか	プリクラ	割り箸鉄砲
影ふみ鬼	春夏秋冬	天下ドッジ	プレイステーション	
かごめかごめ	しょうぎ	天国と地獄	ブロック	
家族ごっこ	定規バトル	トイレの花子さん	平均台	

び」の重要性を認識すればするほど保育者の役割の大きさを痛感する。

　子どもたちが楽しいと思うのは、どのような活動なのだろうか、子どもが入りたいと思い、自ら「入れて」と申し出て仲間に入り、本当にうれしそうに遊びに参加している活動は何なのか。幼い子どもはたとえ一人で自分がやりたい活動をしている場合でも、まわりの他の子どもたちの行動をかならず見ている。なかでも、保育者が子どもたちといっしょに参加している活動への関心は高い。だから、保育者が参加している活動に「入れて」と申し出て、仲間に入る場合が多い。保育者が参加している活動に子どもの注目度が高くなるのは、比較的多くの子どもが参加していることが多いからだと考えられる。つまり、保育者がどの活動に参加するのかが、子どもに影響を大きく与えるのである。そこで、「遊び」が本来の「遊び」らしく、子どもたちに伝えていくことができるのは、保育者の用意する環境のなかで保育者自身の行動によるということがいえる。保育者自身が活動を楽しそうにすること、保育者のその姿を子どもに見せることこそ、子どもに「遊び」を伝えることになるのである。保育者は、「遊び」の伝承者であることが重要なのである。

[第2章　引用・参考文献]
1）請川滋大「子どもたちはなぜ磯遊びをしなくなったのか―利尻での聞き取り調査をもとに」『野外文化教育　第8号』2010年、p.59〜70
・岡本夏木『子どもとことば』岩波書店、2003年
・小川清実『子どもに伝えたい伝承あそび』萌文書林、2001年
・小川博久編集『年齢別保育実践シリーズ　0歳から5歳の遊びが育つ』フレーベル館、1990年
・小川博久・岩田遵子『子どもの「居場所」を求めて―子ども集団の連帯性と規範形成』ななみ書房、2009年
・カイヨワ／清水幾太郎・霧生和生（訳）『遊びと人間』岩波書店、1972年
・津守真『子どもの世界をどうみるか』日本放送出版協会、1987年
・津守真『保育の一日とその周辺』フレーベル館、1989年
・津守真『保育の体験と思索』大日本図書、1980年
・半澤敏郎『童遊文化史』東京書籍、1980年
・ホイジンガ／高橋英夫（訳）『ホモ・ルーデンス』中公文庫、1973年
・『別冊太陽　明治・大正・昭和　子ども遊び集』平凡社、1985年

column　遊ぶのは子どもばかりではない！

　子どものころに遊んだ楽しさを思い出してもらうために、大学生に実際に「遊ん」でもらう。ボールなど、道具を使わないで遊ぶ体験をしてもらう。道具を使わないということで、大学生たちは一瞬どうしたらよいか迷う。体育館にあるさまざまなものを使いたがる。バスケットボールをやりたいとか、バドミントンをやりたいとかまず思うようだ。だが、使うのは自分の体だけであることがわかると、子どものころに遊んだ遊びを思い出していく。まず、鬼ごっこ。一人が「鬼」で、他の人が逃げるというものだ。そしてそれから次から次へと「こおり鬼」や「手つなぎ鬼」などに移っていく。大人なのだからそんなに夢中にならなくてもいいのではないかしらと思うほど、みんな一生懸命に走る。その姿からは、子どものころの顔が見え隠れするようだ。

第3章 子どもの遊びの変化

 §1　子どもの遊びは変わったか

　「子どもの遊ぶ姿を見かけなくなった」「今の子どもはうまく遊べない」「子どもの遊びが変わってしまった」という言葉をよく耳にする。また、思春期の少年少女が動機不明の事件を起こしたときなど、「子ども時代に思いっきり遊んでいないからだ」とか「遊びを通した体験が不足しているからだ」というような見解が、新聞やテレビに取り上げられることもある。本当に子どもの遊びは変わってしまったのだろうか。変わったのだとしたら、それが理解不可能な事件や問題の元凶になっているのだろうか。

　たしかに、遊ぶ時間や場所の減少だけでなく、少子化や子どもが被害に遭う事件などの影響もあって、外で遊んでいる子どもの姿をあまり見かけなくなっている。たまに子ども同士で遊んでいる場合でも、それが携帯ゲームやカードゲームであったり、携帯電話やパソコンを通してのやりとりであったりすると、遊びが大きく変わってしまったような印象を受ける。しかし、その一方で、マンションの共同広場で「だるまさんがころんだ」や「〇〇おに」や「ゴムだん」が行われているのを目にすると、伝承遊びの根強い魅力が、子どもの遊ぶ体を通して脈々と息づいていることに気づかされる。また、一見変わってしまったように見える遊びも、友だちといっしょに「勝負する」とか「きれいなものをつくる」とか「飾る」「交換する」など、根底にある要素はつながっているようにも思える。

　変わったかどうかを判断する前に、歴史の上に子どもの遊びがどのように刻まれてきたのか、それぞれの時代において子どもたちはどのような遊びの痕跡を残してきたのか、遊びの変化の大きなうねりをとらえる必要があるだろう。そして、その大きなうねりのなか

で、つながっている部分と変化している部分を見定めることが求められるのではないだろうか。その全貌を見渡すことによって、時代を超えてつながっていく遊びの力と意味、大人のかかわり方や今後の課題となることも見えてくるに違いない。

　これから時代をさかのぼって、かつて子どもたちがどのような遊びをしてきたかを見ていくが、子どもたちは自ら歴史を書き残しているわけではない。そこで、当時の大人たちが残した資料（絵、写真、随筆、新聞記事、調査報告など）や子どもの遊びと密接にかかわってきたもの（人形、玩具など）を手がかりとするしかない。私たちが子ども時代に遊んだ遊びは、どれほど昔から引き継がれてきたのか、また、今、子どもたちを夢中にさせている遊びやものは、一昔前のそれとつながっているのかどうか、探索してみたい。

§2　子どもに任されていた遊び

1．自然を生かした遊び

　赤ん坊を見ていると、自分の手を口に入れたり母親の乳首をなめたり自分の足をつかんだりして、明らかに「遊んでいる」と思われるときがある。小さな子どもが葉っぱを拾ったり紙を破いたりして楽しそうに声をあげているときも、「遊んでいる」ことは目に明らかだ。乳幼児を見てもわかるように、ヒトは生まれてすぐにも（自分自身の体も含めて）身のまわりのもので遊ぼうとする。生まれて間もない小さな子どもたちの様子からも、まだ文字記録のない大昔から、子どもは手近にあるもので遊んでいたと推察できるだろう。

　たとえば、昭和の中ごろまで盛んに遊ばれていたベーゴマは、もともとは巻貝をこまのようにまわして遊んだところから「貝のこま」がなまって名づけられたといわれている。貝以外にも、子どもたちは木の実や石ころをまわしてみたり、互いにぶつけてみたりして遊んだのであろう。メンコやビー玉も、もとは身近にある自然物の貝や実や石などをころがしたりぶつけたりはじいたりするところから遊びがはじまったと考えられている。ままごとや人形遊びにしても、玩具としてつくられ売買される以前から、木の実や花や葉、木切れや布切れを使って遊ばれていたことは想像に難くない。

　中世に描かれた絵巻物をのぞくと、そこには笹竹にまたがって遊ぶ子どもや石を投げて遊ぶ子も、犬を追いかけて遊ぶ子どもなどの姿が描かれている。遊び道具

「徒然上人絵伝」『日本絵巻物全集』14巻、角川書店、1977

としてつくられたものがなくとも、自然にあるものを生かして自分たちの遊びを伸びやかにくり広げていた様子がうかがえる。と同時に、そのような子どもの様子を目にとめ「描く」という形で掬い取った人々の、子どもに寄せる思いを感じ取ることもできるだろう。

2．伝統的な遊びの意味づけ

　子どもの遊びに注がれたまなざしは、単に「ほほえましい」という感情に支えられていただけではない。無心に遊ぶ子どもたちを通して、民俗的共同体（村落など）の死生観や世界観がうかがえる場合もある。その一例として、女児に遊ばれ続けてきた「ままごと」を取り上げてみよう。

　民俗学者の柳田国男によると[1]、「ままごと」とは「飯事」に由来する名称であり、女児たちがご馳走を用意して客にふるまう遊びが儀式として全国各地に残っているという。それらは、地方によって「門まま」「盆かまど」「ボンクド」「川原事」などと呼ばれ、先祖の霊魂を迎えるお盆の時期に、彼岸（あの世）との境と考えられる川原や町境などに調えられた「飯事」の道具を用いて、女児たちがままごとを行うのだという。女児たちは、彼岸から訪れた先祖の霊魂を迎えもてなし、此岸（この世）の平安や豊饒を守ってくれることへの感謝と願いを伝える役割を担っているのだ。先に記したように、女児たちは普段から自然物や手近なものを用いて客人を迎える遊びを嬉々として行っていたであろう。が、先祖の霊魂が訪れる特別なときに限って、村落の大人たちは、まだ一人前の女性として共同体内に位置づいていない（初潮前の）女児たちにこそ、あの世とこの世をつなぐ大切な役目を託したのである。

　子どもたちが野山の花を摘んで花御堂をつくって安寧を願う「花祭り」や藁苞を打ちつけて大地の神に感謝する「トウカンヤ」など、今でも残る伝統的な祭りや儀式のなかに、同じような痕跡が留められている。子どもがおもしろがって遊んできたことが、非日常的な特別な時節に、彼岸とつながるという特別な意味を担って行事化されているのだ。共同体にしっかりと位置づく前の、まだこの世界に来て間もない子どもだからこそ、彼岸と此岸を媒介する役割が付与されたのだろう。民俗社会の想像力において、子どもの遊びが特別な意味を担うこともあったのである。

§3　大人が関与する子どもの遊び

1．おもちゃ屋の出現

　自然物で遊んでいた子どもたちの手に、大人がつくった「おもちゃ（玩具）」が広く手渡るようになるのは江戸時代（17世紀）に入ってからのことである。当時の浮世絵には

「やじろべえ人形売り」(英一蝶画譜)や「蝶々の持遊売り」(歌川国定画)など、玩具を売り歩く行商の姿が描かれている。「持遊小間物屋」(『人倫訓蒙図彙』)の名前で、独楽や羽根、人形や太鼓などの玩具を売る店も出はじめている。

浮世絵を見ると、馬の頭がついた玩具にまたがって遊ぶ子どもや、のぞきからくりをのぞく子どもたち、たこあげや羽根突きに興じる子どもたちがいきいきと描かれている。また、子どもがかならず罹るといわれていた疱瘡の病が軽く済むようにとあえて赤く塗った馬やみみずくの置物、子どもが健やかに育つようにつくられた犬や猿の玩具なども見受けられる。

持遊小間物屋「人倫訓蒙図彙」『訓蒙図彙集成』13、大空社、1988

それまで、子どもやせいぜい親の工夫に任されていた玩具が、加工されて商品となって売られるようになっている。子どもたちも、自然物の遊び道具に加えて、買ってもらった玩具で遊んでいる様子が描き出されている。戦乱の時代が終結し、とりあえずは平穏な時代が続くなかで、子どもの遊びや玩具にも関心が向けられはじめたことがうかがえる。ただし、これらの玩具を見る限り、そこに教育的な意図が働いているようには思えない。むしろ、子どもが健やかに育つことを願い、その力を遊びや玩具に託しているように思われる。

たとえば、たこあげには大気の気を受けて健やかに育つことが、羽根突きには夏に蚊に喰われないようにとの願いが込められているし、赤い馬やみみずくは疱瘡を軽く済ませられるように、ひねり鳩(鳩の小さな置物)は食事中に胸つかえをしないように、弾き猿(竹で猿の人形を弾く玩具)は災厄を弾き去るようにとの思いが託されている。すなわち、これらの玩具は、子どもの健やかな成育を育む「縁起物」としてつくられているのである。

2．子どもの遊びをめでる

子どもの成育に縁起をかつぐ一方で、子どもが元気に遊ぶ姿が縁起のよいものとして広まったのも江戸時代のことである。江戸時代に流布した浮世絵には「子ども絵」と名づけられたジャンルがあるが、そこには四季折々、さまざまな風物や行事を背景に元気に遊ぶ子どもの姿が描き出されている。

その中身を見ると、雪遊び・川遊びなど自然の移ろいとともに描かれた遊び風景もあれば、たこあげや羽根突きなどの正月の遊び、雛遊び、初午、菖蒲打ち(端午の節句の時節に束ねた菖蒲で地面を打ちつける)など行事とかかわった遊びを描いたもの、「のぞきからく

り」「影絵遊び」「十六むさし（当時の盤面ゲーム）」など家内の遊びもある。そこに描かれた子どもたちはみな、まるまるとした子どもらしい顔つきで元気いっぱいに遊んでいる。

　これらの絵を鑑賞するのが大人たちであったこと、新年に売られることが多かったこと、「子宝揃え」「子宝遊び」などの言葉が挿入されていることなどを考えると、子どもが元気に遊んでいる様子自体が「めでたい」ものとして映じていたと思われる。先に記したとおり、平穏な時代が続くなかで子どもに対する関心が高まり、同時に子どもの遊ぶ姿を四季折々の変化と合わせて「観て楽しむ」感性が育っていたのだろう。自然や行事や遊び道具に恵まれつつ元気に遊ぶことが喜ばれ、いくつもの絵として子どもの遊ぶ姿が掬い取られたのである。ただし、これらの絵からは子どもが遊ぶことの教育的意味を問う視線は感じられない。

「雅遊五節句之内　端午」歌川国芳
くもん子ども研究所編『浮世絵にみる江戸の子どもたち』小学館、2000

§4　教育的視線が注がれた遊び

1．教育的視線の導入

　子どもの玩具や遊びに教育的視線が注がれるようになるのは、明治時代に入ってからのことといえよう。近代国家としての体制を整える必要に迫られていた明治政府は、次世代を担う子どもたちを教育する機関や制度を諸外国から学び取り、すぐさまその具現化に乗り出す。

　1876（明治9）年に東京女子師範学校の付属として設置された日本初の官立幼稚園もその一つであり、明治政府の肝入りで幼児教育が実施された。幼稚園の基礎を創ったフレーベルが考案した「恩物」は、球体・立方体・直方体・正方形や長方形や三角形の板などの組み合わせを用いて順序立てて遊ぶことによって教育的意図を実現させるもので、官立幼稚園開設当初から取り入れられた。この「恩物」の一部が、後に「つみき」に組み込まれて展開していくことになるが、この他にも「教育玩具」の名のもとに子どもの発達を促す玩具が積極的につくられ販売されるようになる。とくに1897（明治30）年前後は、「『教育』を出世の道具として理解する層が形成され、『教育』が大きな関心事となり」[2)] 玩具

や遊びにも「教育的」であるかどうかが求められるようになってきたのである。

　さらに明治末から大正にかけては、乳幼児の発達に対する一般的な関心も高まり、百貨店（後のデパート）が推し進めた「子ども用品」の宣伝もあいまって、「教育玩具」熱はますます上昇していく。百貨店の老舗である三越では、1909（明治42）年に第1回児童博覧会、万国玩具博覧会が開催され、子どもの成育にふさわしい家庭環境や教育的配慮が子ども用品や玩具といった商品となって展示された。

2．遊びの教育的価値

　輸入概念であるeducationの訳語として定着した「教育」は、就学前の子どもたちにも適用されるが、幼稚園を母体とする幼児教育においては、幼児の遊びのなかに浸透していく。言い換えれば、幼児教育という観点が生まれたことによって、遊びのなかに「教育」という意味が積極的に求められるようになったのである。その背景となった社会的情勢として、2つのことに注目しておきたい。

　その1つは、子どもを科学的観点からとらえようとする研究が導入され推し進められたことである。1898（明治31）年に刊行された雑誌『児童研究』では、児童心理学者高島平三郎の編集のもと、子どもの実態把握と数量による実証化および心理学的分析が進められ、遊びや玩具も教育と心理に関連して多く取り上げられている。こうした児童研究の動きは、新しい生活・文化を商品として具体的に展開しようとしていた百貨店の企画と結びつく。三越百貨店は児童研究をバックアップする形で研究者のアドバイスを取りつけ、先に記したように子ども用品や玩具を積極的に売り出していくのである。

　もう1つ注目したいのは、このような「教育―遊び」の育児観を定着させていった中間層の核家族化である。士農工商の身分制度を廃して立身出世を掲げた明治近代は、勉学によって出世がかなうと考えられ、子どもの教育への投資を惜しまない中間層（サラリーマンなどのホワイトカラー）が浮上した時代である。子どもの教育的生活環境を保障するためにも子どもの数を抑制し、両親兄弟の4人家族を理想とする考え方が浸透したのも中間層だった。それにともなって子どもをいかに教育的に育てるかという観点から遊びも玩具も評価の対象になっていく。江戸時代においては問われることのなかった「良い／悪い」の判断が、子どもの遊びや玩具に適応され、ときには「悪い遊び・玩具」として糾弾されることもあった。

　たとえば、明治・大正・昭和と続いたメンコやベーゴマの遊びは、たびたび学校やＰＴＡから禁止令が出されたり、親から注意を受けたり親に取り上げられたりしている[3]。勝敗によって取ったり取られたりする遊びはバクチ的要素が強く、子どもの射幸心をあおって「教育的ではない」と判断されたのだろう。それでも、下町の子どもを中心に延々と続いてきたことは、近代以前から続いている遊びの根強い魅力を明かしている。

§5　消費社会と子どもの遊び

1．原っぱの遊び・路地裏の遊び

　大人たちが教育的観点から遊びや玩具を評価しはじめる一方で、子どもたちはあいかわらず自分たちにとっておもしろい遊びを続けていた。遊び場となったのは、原っぱや空き地、路地裏など大人の管理から外れた場所であり、遊び仲間は近隣から集まった異年齢の子どもたちである。行われていた遊びは、ベーゴマ・メンコ・ビーダマ・釘打ち・ままごと・ゴムだんなど伝統的な玩具を使った遊び、おにごっこ・かくれんぼ・はないちもんめ・かごめかごめなどの伝承遊びの他に、秘密基地や隠れ家づくり、○○ごっこなど多岐にわたる。

　大人の管理が及ばない遊び空間では、先に記したようなバクチ的遊びやけがをともなう危険な遊びもあったが、その一方で年上の子が年下の子をかばったり遊びを伝えたりして、けがやけんかも含みながら子どもたち同士で工夫して遊ぶ術が伝授されていた。また、親以外にも生活圏を共有する近隣の大人たちが、遊び方を教えたり危険な事象には注意を促したりすることもあって、管理はしないが見守るような関係が紡がれていた。

　このような遊びを支えていた生活圏そのものに急激な変化をもたらすのが、戦後の復興を経て急速に進められた経済成長にともなう都市開発の動きである。高度経済成長期と呼ばれる1960年代は、道路の整備、車の急増、住宅の増設、工場の増加など、さまざまな環境変化が子どもたちの遊び場を奪ったといわれている。が、奪われたのは遊び空間だけではないだろう。経済成長とともに学歴尊重の気運も高まり、塾や稽古事に通う子どもたちが増え、結果として遊ぶ時間が減少している。その一方では、次に記すように、遊び空間や時間を減じられた子どもたちを吸収するあらたな遊びが用意されていた。

2．テレビ文化の影響

　体を使うだけが遊びではない。本や雑誌から絵とともに物語を感受したり、ラジオから歌や話を耳にしたりすることも家内における子どもの遊びであり、そこで得られた物語がメンコの絵柄や○○ごっこの形で遊びのなかに取り入れられることも多々あった。しかし、そのようなメディアとのかかわりで子どもの遊びに大きく影響を及ぼしたのは、テレビの普及であり子ども向けテレビ番組の浸透であろう。

　日本におけるテレビの普及は皇太子の結婚パレードが放映された1959（昭和34）年にはじまるといわれているが、同じ年にNHK教育テレビの幼児向け番組「おかあさんといっしょ」がはじまっている。画面を通して話しかけてくれるおねえさんや話したり踊ったりする着ぐるみたちや数々の人形劇は、まだ本が読めない小さな子どもたちの関心を引き寄

せる十分な魅力をもっていた。お話や人形劇を楽しんだり工作をしたり体操をしたり、家にいて1人でも遊べる環境をテレビが提供したのである。

　さらに、1963（昭和 38）年に国産のアニメが放映されるようになると、子どもたちは同じ曜日の同じ時間帯にテレビ画面が描き出す同じ世界を視聴して楽しむようになる。併せて、視聴者である子どもたちに向けてCMが流れ、番組に関連するお菓子やおまけ、玩具が子どもたちの購買欲をかりたてていく。テレビの普及に続く子ども向けテレビ番組の充実により、同一のテレビ番組の世界観を背景に子どもたちの遊びや玩具の流行がつくられていくのである。

　それまでは生活圏を共有する近隣の異年齢の子どもたちが集まって、その場そのときに自分たちで選び取った遊びをしていた。が、享受したテレビ番組を共通の視聴体験とする子どもたちは、むしろ生活圏を越えた学校や塾などにおいて、同年齢同士でテレビ番組を共通の話題とした遊びを展開していく。テレビ番組を背景としてさまざまなものに適用されるキャラクター、テレビ番組と連動した玩具の流行やブームと呼ばれる一過性の遊びなど、テレビが遊びに及ぼした影響は大きい。

　ただし、このようなテレビと遊びの関係が生じる以前、あるいはそれと並行して遊び場や遊び時間、遊び仲間を支えていた生活圏のあり方そのものが変わっていたことを見逃してはならないだろう。1970年代になると、外遊びよりもテレビやマンガを見て遊ぶ子どもが増え、同時にころんだだけで大けがや骨折をしてしまう子どもたちが新聞で取り上げられるようになる。「子どもが変わった」かのように報告されているが、経済の振興の裏側で目には見えない「遊びの深い意味」が問われないまま、遊び環境が変質させられた結果と見ることもできるだろう。子どもの遊びの変化は、むしろ社会全体の暮らし方の変化に敏感に対応しているといえるのではないだろうか。

§6　電子空間と子どもの遊び

1．電子空間の遊び

　テレビに続いて子どもたちの遊びに大きな影響を与えたのが「ゲーム」である。1983（昭和58）年に比較的手に入りやすい家庭用ゲーム機が登場すると、それまでゲームセンターに行くことは禁止されていた子どもたちが一挙にテレビ画面を使った電子ゲームで遊びはじめる。モニター画面上に展開するゲーム世界において、子どもたちはコントローラーを駆使しながら夢中で「遊ぶ」ようになった。電子ゲームの広がりは、子どもたちに個別の遊び場を大量に供給したともいえるだろう。が、それは同時に、従来の遊びとは異なるがゆえに大人たちの批判を受けることになる。

　それまでにもテレビ番組の内容やテレビの視聴時間に対する批判があがっていたが、テ

レビはまだ大人たちも受容するメディアとして理解可能な範疇にあった。しかし、電子ゲームは親世代が体験したことのないまったく新しい遊びである。子どもがテレビの前に座ったまま長時間一心不乱にコントローラーを操作する様子は、かつて原っぱや空き地で行われた外遊びとは異質であり、大人たちには理解しがたいものだったに違いない。加えて、画面上では子どもたちが入力するキャラクターが簡単に生死をくり返したり暴力的な攻撃で点数を上げたりしている。やがて、ゲームほしさの犯罪や人の命を軽んじた青少年による事件が新聞をにぎわせるようになると、ゲーム世代が起こした事件として報道され、事件の原因をゲームによる現実と虚構の混在に求める解釈が広まった。

　しかし、ほとんどの子どもが電子空間上の遊びを体験する時代において、理解不可能な事件の原因をゲームにのみ求めてしまうのは、個々の子どもの心理的発達に生じた問題に蓋をしてしまうことになりかねない。ゲームの遊び方の実体や子どもたちが魅了される要因を踏まえた上で、基盤となる遊びを体験した後で選択可能な遊びの一つに位置づけるべきではないだろうか。昨今では、子どもの遊び体験に基づいてつくられたゲームや子ども同士で情報を交換し合うゲーム、体を使ったゲームや家族で楽しめるゲームも生まれている。学習面でも電子空間の活用が進められている以上、一方的な批判や嫌悪ではなく、実際に体を使って体験する遊びの大切さを再認することにより、電子ゲームとのつきあい方を限定することが求められるだろう。

2．遊びの可能性の見直し

　先に記したとおり、子どもの遊びは背景となる社会と連動している。電子ゲームの浸透も社会の電子情報化とともに進められた。電子空間上の遊びに抱く不安は、私たち自身がデジタル機器による電子空間上の情報に頼りきっていることへの不安とつながっているのかもしれない。とすれば、人間社会の基盤となるものは何か、それを修得する上で子ども時代に求められる必要不可欠な体験とは何か、電子空間上の遊びが広がる今だからこそ考えるべきではないだろうか。

　1985（昭和60）年、家庭用ゲーム機が子ども文化を侵食するなか、日本グッドトイ委員会が設立され、流行にも早期教育にも偏らない、年齢性別を超えて楽しめる玩具（グッド

トイ）を選定しようとする動きが生まれた。以来、玩具創作者の工夫を凝らした玩具や伝統的な玩具など、ともに遊ぶことで心豊かな体験ができるような玩具と遊びを評価し保障する運動が続いている。

　また、かつてのように原っぱや空き地がない都心部において、あえて整備をしない公園（プレイパーク）を設け、火や刃物の使用も認め、けがやけんかの体験を重視する活動も継承されている。プレイリーダーの見守りはあるものの、かつての異年齢集団のように子どもたち自身で遊ぶ力を身につけていくことが求められているのだ。森の幼稚園や里山保育のように、自然と接する体験を通して遊びのなかで「生命」を感じ取っていくことも進められている。

　以上の活動はきわだったものであるが、遊びの意味を問い直す形で、より基盤となる遊び体験を幼児期にどのように保障したらよいか、ますます遊びの意味と可能性を探求することが求められているといえるだろう。

§7　遊びの変化をどうとらえるか

　子どもの遊びの変化を振り返ってみると、表面的には自然物を使った遊びから加工されたものを使った遊び、さらに商品として市場に取り込まれたものを使った遊びや電子玩具を使った遊びへと大きく変化しているように見える。遊び場にしても原っぱから学校や塾、さらに電子空間へと比重が移ってきている。また、遊び仲間も近隣の異年齢集団から同じ幼稚園・保育所や学校に通う同年齢集団に移行してきた。しかし、一見異なるこれらの様相の奥には「何かおもしろいものを見つけて遊ぼう」とする姿勢が共通しているともいえる。おそらく、この「遊ぼう」とする力は子ども本来の力であり、だからこそ伝統的な遊びのおもしろさを伝えながら、そのときどきの社会の動きに対応して新しい遊びを取り入れてきたのだろう。遊びの変化は時代によって区切られたものではなく、子どもにおいて重ねられてきたものであり、おもしろさや楽しさに関してはつながっているともいえるだろう。

　ただ、より小さな子どもにおいては、本来もっている「遊ぶ」力を引き出すべく、何よりも自らの体を使いモノやヒトと触れ合って「体験」することが求められるだろう。テレビ番組の活用も電子空間の利用もそれ自体は悪いことではないが、それらを望ましい形で用いるためにも、まずはモノとヒトとともにある世界に自分自身を位置づけていく身体の感受性が育まれなくてはならない。その感受性は、体で実際に触れていく遊びの楽しさを通してはじめて獲得されていくものなのである。保育が人間社会の入り口に設けられた重要な〈体験の場〉であることを考えると、一時的な流行にも早期教育にも偏らない、自己―ヒト―モノの関係をいきいきと生きる遊び体験こそ基盤にあるものであり、その上に変化を取り入れていく柔軟さが求められてくるのではないだろうか。

［第3章 引用・参考文献］

1）柳田国男『子ども風土記』岩波文庫、1984年、p. 67 ～ 68
2）是澤博昭『教育玩具の近代』世織書房、2009年、p. 77
3）加藤理は、めんこ遊びが親や教師から禁止されていたことを数々の自伝から抜粋し指摘している（加藤理『＜めんこ＞の文化史』久山社、1996年、p. 18 ～ 19）。

・本田和子『変貌する子ども世界』中公新書、1999年
・吉見俊哉「ブラウン管のなかの子ども文化」『リアリティ・トランジット』紀伊国屋書店、1996年

---

column　子どもが遊べる街は生きている街 ──「忍者修行」実践から考えること

　ユニークな児童館の実践「忍者修行」を紹介したい。児童館実践といえば児童館のなかで行われると思いきや、その日一日街全体が忍者修行の場となり、参加した子どもたちは異年齢でつくる忍者修行チームになって、地図を頼りに街中の修行所（その地域のお店や個人宅が提供してくれる場）を巡るという実践である。街中には移動式の修行所もあり、ボランティアの学生扮する「修行者」を子どもたちが呼び止めては「色水の実験」や「洗濯板を使った洗濯」などの修行を受け、修行終了の証に色紙でできた手裏剣をもらう。この手裏剣は、同じく学生扮するネンチャク忍者に街角でつかまりそうになったとき、投げつけると忍法ネンチャクの術をはねかえすのに役立つ。ネンチャクの術にかかると百数える間動くことができず修行が遅れてしまうのだ。修行がおわると忍者心得が記された巻物「忍者皆伝」が各人に授けられる。この実践を通して、異年齢の子どもたちが顔見知りになり助け合う体験をしているのはもちろんのこと、子どもたち以上にいきいきと楽しんでいるのは参加した街の大人たちである。この街にはこんな子どもがいる、こんな大人がいる、とお互いを知ることにより街が息づいてくる。共に生きてかかわっている生活の場が見えてくる。

　子どもの成育を見守る「保育」も、子どもが子ども同士、あるいは大人もまじえてつくり出していく「文化」も、本来は相互に楽しむ体験のなかで育まれた「生き合う感覚」に根づいたものだったのではないだろうか。子どもの遊ぶ力を信じると同時に、その力を保育の場と地域全体で協力して育むことができれば、それはおのずと人が育ちやすく生きやすい街づくりにつながっているに違いない。

第4章 保育における児童文化

§1　保育の歴史と児童文化・児童文化財

1．児童文化と児童文化財

まず「児童文化」および「児童文化財」の定義を明らかにしておきたい。

児童文化という概念は、日本独自に形成されてきた概念であり、1922（大正11）年、生活綴方教育の実践者であった峰地光重（みねじみつしげ）が出版した『文化中心綴方教授法』に「児童文化」という言葉が見られる。児童文化という言葉が一般化するのは、1930年代になってからである。

第1章（p.10）でも述べているが、児童文化は、子どもの成長にかかわる文化そのものを指す。具体的には、①児童の遊び、生活様式や行動、②児童のための文学、美術、音楽、演劇、放送、遊具、玩具などの児童文化財、③児童自身のつくり出した作文、図画、工作などである。

一方、児童文化財は、子どもの健全な心身の発達に深いかかわりをもつ有形無形のもの、技術、活動などの総称である。

児童文化について学ぶことは、①子どもの生活様式、子どもの生活する文化全体、②子どもの創造的所産である遊び、伝承（遊び）、言葉、作品など、③子どもの生活の質的向上を目指して、大人が子どもに与える紙芝居、絵本、玩具などの児童文化財および児童施設や運動などの実態をとらえ、広い視野から子どもが幸福で豊かに成長できるための要因について考えていこうとすることである。

子どもと文化のかかわりを、歴史的にみると、大人が子どもに、良質の児童文化あるいは児童文化財を与え、子どもの生活向上を目指すことに重点がおかれてきた。つまり子どもはあくまでも文化を享受する者（与えられ受け止める者）として位置づけられてきたといえる。

また少子化が進む近年においては、たくさんの子どもたちが集い、遊び、生活する子ども集団が成立する機会がめっきり少なくなっている。そのため子どもたちで遊ぶなかで、子どもたち自身によって文化を生み出していくといったことは極めて少なくなっている。

このような社会の変化のなかで、幼稚園・保育所などは、子どもたちが集団で生活をし、遊びを通して成長する場として重要な役割を担っている。幼稚園や保育所では子どもの生活や活動を豊かにするために、保育のなかで大人が必要と考える児童文化財を提供している。また保育のなかでは、子どもたちは、大人が与える児童文化財を、活用し、享受しつつ、一方で子どもたちにとってふさわしい形に変容させながら、自分たちの遊びや文化を生み出している。

幼稚園や保育所では、大人が子どもに文化を与えるという面と子ども集団がともに生活し、子どもが遊びを中心とした文化を創造し、発信していく面が見られるのである。

2．保育の歴史にみる児童文化

（1）明治・大正期の保育と児童文化

ここでは子どもの成長にかかわる保育の歴史を通して児童文化のあり方について考えてみたい。

幼稚園や保育所が成立する以前から、子どもが遊びや生活のなかで使った「もの」は、たくさんある。野菜を人形に見立てて遊んだり、木切れを剣として使うこともあっただろう。子どもたちが身のまわりのものをうまく使って遊ぶ場合もあれば、大人が子どものために、少し手を加えて、遊びに使う「もの」を与えたこともあるだろう。このようなことは人々の暮らしのさまざまな場面で見られた。

児童文化財とは、「子どもの健全な心身の発達に深いかかわりをもつ有形無形のもの、技術、活動などの総称」であるとするならば、それらの「もの」は十分に、子どもの遊び道具であり、児童文化財であるといえる。

子どもが生活のなかで自然物や身のまわりのものを使って遊ぶということは、ずっと古い時代から続いていることであるが、そのような歴史とは異なり近代に入ると、子どもの遊びや生活に必要な、子どもを対象とした玩具や読み物などが商品として多くつくられるようになった。日本でこの動きが顕著になるのは、江戸時代（17世紀）に入ってからのことである。お正月などの行事や縁日などで、子どもが喜ぶ商品が売られるようになる。そして子どもの成長を願って、子どもに玩具や読み物を買い与えたいと思う大人たちが多く見られるようになるのである。また、寺子屋で熱心に学ぶ子どもたちの姿があり、商業主義の動きとともに、子どもの教育に対する関心が徐々に高まる。

第3章（p.32）でも述べたが、わが国の就学前教育は明治期になって欧米の保育理論や方法を学び、本格的に制度が整えられた。わが国ではじめての幼稚園といわれる1876（明治9）年設立の東京女子師範学校[1]附属幼稚園（現、お茶の水女子大学附属幼稚園）では、フレーベルの教育を模して、恩物などの教育玩具（教具）を取り入れて保育が行われた。

　1877（明治10）年ころの保育は当時の「保育時間表」から見ると次のようである。「小児満3年以上満4年以下」の子どもは、たとえば月曜日には「室内会衆」30分、「体操」30分、「球ノ遊（第一箱）」45分、「図画（三倍線ノ直角等）」45分、「遊戯」90分が行われた。子どもたちは保育室で教師用の黒板のほうを向いて1人あるいは2人用の机にきちんと並んで座り、保育者の指示する恩物の順序に従ってその操作を習ったり、時間を区切られ、小学校以上の授業に似た活動を行っていた。

　東京女子師範学校附属幼稚園監事（園長にあたる）の関信三が1878（明治11）年に著した「幼稚園創立法」によると、幼稚園設備として、恩物と「放課時間ニ幼稚自由ノ遊戯ニ供スベキ手球、独楽、羽子板及ビ骨牌（カルタ）等」をあげ、その他に「玩観ノ雑品」として模型物などをあげている。これには園庭の遊具については記されていない。

　明治30年ころまでは恩物を中心に保育が行われていたが、次第に区切られた時間で、形式的に恩物を扱うことを教えたり、また手先のみを使う活動を中心とすることは、就学前の子どもたちにとってふさわしくない、という見解が生まれてきた。幼児教育黎明期の保育界のリーダーや実際に子どもたちの保育に携わり、恩物を嫌がる子どもたちの様子を見ていた保育者が気づき、保育内容の見直しを主張したのである。

　1899（明治32）年には、「幼稚園保育及設備規程」が制定され、保育内容は「遊嬉、唱歌、談話、手技」となり、遊びが最初におかれ、恩物は手技のなかに含まれた。遊戯は自由に身体を動かして遊ぶ随意遊戯と歌曲に合わせて協同で行う共同遊戯に分けられた。

　この時代はアメリカの幼稚園教育改革運動の影響を受け、自由な保育を求める傾向が強かった。保育4項目を基本としながらも、郊外保育、園芸、観察などを行っている園も多い。恩物を中心とした形式的な活動を行う保育に対する批判が高まり、就学前の教育は自由遊びが大切であるとして、その教育的な意味が認められるようになり、全身を使う戸外の遊びが注目されるようになった。教師用の黒板をはずし、グループ机を移動可能なものに変える幼稚園が多くなった。女子高等師範学校附属幼稚園では、子ども専用の黒板を壁いっぱいに備えつけて、子どもたちが自由に「落書き」できるようにしたという記録も残っている。恩物を積み木のようにして、自由に遊ぶことができるようになった園も多い。また、戸外での遊びが推奨されることによって、園庭にはぶらんこ、シーソー、たいこ橋、遊動円木、馬椅子、つり環など、いろいろな遊具が設置されることになった。保育室には備品として、机、椅子、恩物、オルガン、動物模型、教師用黒板、蓄音器、ピアノ、クラリネット、毬などが備えられ、明治初期からあった貝合わせの貝が保育室で自由に遊ばれるようになった。

　アメリカの自由主義教育の影響とともに、この時代には、日本においても子どもにふさわしい本物の玩具を与えたいと願う保育関係者やそれに賛同する教育・教材会社、子ども

の商品開発に力を注ぎはじめた百貨店などの連携・研究協力が生まれた。

女子高等師範学校の和田実（のちの目白幼稚園長）は、のちのフレーベル館の創始者である高市次郎と協力して玩具の研究を進めた。1908（明治41）年になると、三越呉服店が玩具の懸賞募集を行うなど玩具への関心が急速に高まった。翌1909（明治42）年には保育機関誌「婦人と子ども」において、玩具研究の必要性が訴えられた。同年には三越呉服店にて「児童展覧会」が開かれるなど、子どもの教育に熱心な都市新興の中間層をターゲットとして、「子どもの玩具・教具」の市場開拓と発展がもたらされた。

当時の三越呉服店の概観（当時新聞広告より）

このことは保育の活動や子どもたちの遊びの姿を変えることになった。当時、幼児教育のリーダー的存在であった和田実によれば、自由玩具として「玩具は数限りなくあるものの幼稚園に常備して幼児に用いさせるもの」として、「ヒル氏積木、剣玉、恩物、独楽、三角お手玉、計数器、七巧板、綾掛枠、球盤刺、球入競争、ゴム球、砂場用具、細網、太網、兵隊遊用玩具、飯事道具、交通遊用玩具」をあげている。ヒル氏の積み木が紹介されたのは、アメリカの保育用具は概してサイズが大きく、子どもたちが手先だけでなく全身を使って自由に遊ぶのにふさわしいという理由による。ヒル氏の積み木は、高価であり経済的な理由から当初は購入ができなかった園も多かったようだが、大正期後半になると多くの幼稚園で備えられている。

また人形芝居の教材も保育中に用いられることが多くなり、桃太郎、猿かに合戦、花咲爺などの物語ごとに人形や道具がつくられていたようである。

大正時代には子どもの自由な生活を大切にする保育が各地で行われるようになった。また1913（大正2）年ころからは、モンテッソーリ教育に対する関心が高まり、1915（大正4）年にはモンテッソーリの教具が製造販売された。1921（大正10）年にはクレヨンの製法が研究され、「マンテンクレオン」が発売された。のびのびと子どもが自由画を描くにはクレヨンがふさわしいと考えられ、色鉛筆に入れ替わった。

もちろん、これらの玩具は一部の幼稚園で設置されたものであったし、託児所などでは十分に備えることはむずかしかった。

大正時代は、保育界のみならず社会全体が「子どもが文化的生活を送ることを目標にした」時代でもあった。1918（大正7）年に鈴木三重吉によって「赤い鳥」が創刊され、これは児童文学だけでなく子どもたち自ら創作するつづり方（作文）、童謡、自由画を積極的に募集した媒体でもあり、最初の計画的な児童文化運動となった。1922（大正11）年に、

峰地光重の『文化中心綴方新教授法』において、「児童文化」という言葉が最初に使われたといわれるが、彼は「綴方は、実に児童の人生科である。児童の科学・道徳・芸術・宗教である。而して児童文化建設の進行曲であらねばならない。」と述べ、「児童の文化は児童自身の創造する所」であり、綴方の指導を通して子ども自らが「文化生活」を創造することを目指した[2]。

　保育界では1926（大正15）年に、幼稚園に対するはじめての単独の勅令である「幼稚園令」および幼稚園施行規則が定められ、幼稚園が教育機関として正式に位置づけられた。保育項目は「遊戯、唱歌、観察、談話、手技等トス」となり、「観察」が加わり、保育5項目の時代となる。「等」は子どもたちの自発的な生活にふさわしい内容を子どもの生活を考えながら、保育者が自由に加えることを認めた表現である。

　保育者・教育者だけでなく民間人も含めて、子どもの教育や文化に広く関心をもつ時代となり、童謡・唱歌・絵雑誌など子どもの文化を向上させる運動が各地で生まれ、児童文化活動が盛んに展開されるようになった。

　保育用具については昭和初期は大正時代とほぼ変わらないが、レコード、ラジオ、紙芝居などの視聴覚機器が発達する。1927（昭和2）年には枠のぼり（ジャングルジム）が発売され、1930（昭和5）年は不況の年であったにもかかわらず、「幼児のための人形芝居脚本」が発行され、人形芝居の舞台や人形も発売された。1922（大正11）年に創刊された「コドモノクニ」は家庭の絵雑誌として好評を得たが、「コドモノクニ」は情操的で芸術的であったことから、1927（昭和2）年11月には科学性をもち観察ができる絵本を子どもに与えるという目的で「キンダーブック」が創刊された。創刊のモットーは、「児童生活の『心の糧』　絵画を以て編まれた連絡あり統一ある幼児読本　理智と芸術の交響楽」とある。従来の絵本の多くが「想像」的であるのに対して、キンダーブックは「事実」に立脚して「観察」の質を高めるものだとして、幼稚園など教育機関で広く採用された。1938（昭和13）年ころ、ラジオ体操が保育に取り入れられ、またスライドを見せるなどの試みが、保育に取り入れられた。

　当時の保育の実際を保育者の記録からたどってみよう。山口県徳山市の市立幼稚園に勤務した渋谷ヨシ子の1927（昭和2）年ころの回想録によれば、「工作では、折り紙や粘土などをやっていました……また紙芝居、幻燈、キンダーブックがありました。幻燈は暗幕がなかったので、夏休みの夜、親といっしょに見せました」とある[3]。保育室では、うさぎや兵隊やこまなど、いろいろな絵を印刷して、これを幼児に塗りつぶさせる塗り絵が盛んであり、輪投げ、なわとびや椅子取りゲームをして遊んだり、地面を利用して絵を描く遊びが行われていたようである。

　1940（昭和15）年9月から2年間にわたって、社会事業研究所と愛育研究所が行った「本邦保育施設に関する調査」によれば、次のような教具、遊具、玩具が備えられた。

「蓄音器（95.3）、時計（94.1）、オルガン（90.0）、黒板（92.9）、ピアノ（72.2）、ラジオ（17.8）、紙芝居（16.0）、人形芝居（11.2）、恩物（7.7）、すべり台（74.6）、

ぶらんこ（43.2）、シーソー（20.1）、輪なげ（10.1）、バスケットボール（7.1）、木馬（6.5）、とびなわ（5.3）、ジャングルジム（3.6）、絵本（96.4）、積木（96.4）、人形（94.1）、ままごと用具（19.5）、楽隊遊び道具（8.6）、鉄砲（7.7）、ボール（まり）（5.9）、汽車（交通玩具）（3.6）、こま（3.0）、お手玉（0.6）％」である。

保育はこれらのものを使って比較的自由に子どもたちが遊び、また教具・遊具・玩具以外に、花を摘んで遊ぶなど自然物を利用しての活動が多く見られた。

しかし、次第に戦争の影が忍び寄っていた。1931（昭和6）年には満州事変、1932（昭和7）年には上海事変、1941（昭和16）年には太平洋戦争がはじまり、幼稚園・保育所（託児所）も戦争へと進む国家の動きに無縁ではいられなかった。幼稚園施設を保育施設に転用したり託児所が急増した時代であった。労働力不足を補い女性を戦時労働に参入させるためには、働く女性のための託児所を設置することは不可欠であったからである。

幼稚園の数は1937（昭和12）年には2千園を越している。一方、託児所も1925（大正14）年は約300であったが、1938（昭和13）年には1,500と増加している。託児所は、常設託児所とは別に、農村には多くの季節託児所が設けられた。

第二次世界大戦中の子どもの遊びの統計によると、よく遊ぶ遊びの上位に、幼稚園の男児は「戦争ごっこ、砂場遊び、兵隊さんごっこ、陣取り、鬼ごっこ」があげられ、その他に時代を表すものとして「防空演習ごっこ、出征兵士送りごっこ」が加わっている。また女児は「ままごと、看護婦さんごっこ、砂場遊び、人形遊び、鬼ごっこ」などが多く、「防空演習ごっこ、バケツリレー遊び」などをやっていたようである。

戦争の状況が厳しくなるなかで、閉鎖を余儀なくされた園も多い。また1944（昭和19）年の東京都戦時託児所規定では、「体育訓練、生活訓練、規律訓練」が保育の内容に加わるといった変化も見られる。しかし、初等・中等教育に比べると変更は少なく、子どもの生活を大切にした保育内容や方法が行われていたといわれる。

（2）戦後の保育と児童文化

第二次世界大戦は日本経済に大打撃を与えた。食糧も手に入らず、生きることさえ厳しい時代に、子どものための文化やものを整備することはむずかしかったといわざるを得ない。

しかしそれでも「子どもの文化」を向上させるという意識は、戦前から戦後へと継続してつながっており、物資が不足するなかにあっても、人々の工夫と努力でいち早く子どもの文化を支える動きが台頭してきた。

国の復興にとって教育は最重要課題の一つであり、民主的な戦後教育への期待が高まった。ＧＨＱ（連合国軍総司令部）の下に、1947（昭和22）年に「学校教育法」が制定され、幼稚園は学校教育のなかに位置づけられた。同年、児童福祉法の制定によって、託児所は児童福祉施設の一種として「保育所」となった。文部省は翌1948（昭和23）年に幼稚園の教育内容の基準としての「保育要領」を刊行した。新しい国の礎となる「子ども」をつく

るという意識をもって、子どもの興味や関心を重視して、教育の内容を定めるという、子ども中心で自由を大切にした保育要領が制定された。子どもの生活を大切に考えた保育の内容は、「見学、リズム、休息、自由遊び、音楽、お話、絵画、製作、自然観察、ごっこ遊び・劇遊び・人形芝居、健康保育、年中行事」であった。

「遊びをよく観察し、子どもがどのような活動をしようとしているかを知り、その要求に応じたものを与えること」、「子どもは遊びそのものを楽しむのであるから、創作的、創造的な遊びのできる素材を選び与えるように」といった「自由遊び」を尊重する意見が主流であったが、実際に施設や遊具が十分にそろうのは、昭和30年代以降である。

幼稚園設置基準（昭和31年、文部省令第32号）では、幼稚園には次の園具および教具を備えなければならないとされた。

　一　机、腰掛、黒板
　二　すべり台、ぶらんこ、砂遊び場
　三　積木、玩具、紙しばい用具、絵本その他の図書
　四　ピアノ又はオルガン、簡易楽器、蓄音機及びレコード
　五　保健衛生用具、飼育栽培用具、絵画製作用具

設置基準の制定によって、子どもの生活とかかわる多くの児童文化財が幼稚園や保育所に設置されることになった。

昭和40年代に入ると経済が飛躍的に発展し、就園率が顕著に高まった。園舎の建築にも独自性が現れ、多様な素材が使われるようになった。箱積み木、合成樹脂の玩具などが見られるようになる。幼稚園・保育所用に扱われた教材・玩具は、1977（昭和52）年のフレーベル館保育目録によると、乗り物としてキンダースクーター、キンダーカラーフープ、なわとび、バランスボール、視聴覚教材として指人形、大型絵ばなし、紙芝居、スライド、OHPスクリーン、アートキット（幻燈機）、人形芝居舞台、八ミリ映写機・映画、レコード、グローブジャングルなどがあげられている。

（3）現在の保育と児童文化

現在の幼稚園・保育所は豊かな教材、児童文化財に満たされている。1995（平成7）年に幼稚園の設置基準が改正され大綱化された。これによって各園が時代状況を見据えて、創意工夫し保育環境を整備することが求められることとなった。一般的には、次のような種類の設備や園具・教具がおかれている。

① 主に身体を動かして遊ぶことを目的とした園具・教具

　すべり台、ぶらんこ、固定円木、太鼓橋、ジャングルジム、低鉄棒、登り棒、総合遊具、ボール類、なわ、フープ等、平均台、跳び箱、マット類、箱車、三輪車、二輪車、手押し車など。

② 主に身近な自然に親しむことを目的とした園具・教具

栽培に使う用具、花壇、雑草園、野菜園等、飼育に使う用具、飼育小屋、飼育箱等、砂遊び場、水遊び場、土山など。

③ 主にさまざまな表現を楽しむことを目的とした園具・教具

描画に使う用具類、製作に使う用具類、かなづち、のこぎり等の木工用具類、粘土類、粘土板、積み木、ブロック類、ままごと用具類、人形、ぬいぐるみ、指人形等、カスタネット、鈴、トライアングル、太鼓等、ピアノ、電子オルガン等、コンパクトディスクプレイヤーなど。

④ 主に身近な情報に触れることを目的とした園具・教具

絵本、物語本、図鑑、紙しばい等、オーバーヘッドプロジェクター、スライドプロジェクター、カメラ等、ラジオ受信機、テープレコーダー等、掲示板、黒板、ホワイトボード等、テレビ受信機、ビデオテープレコーダー、ビデオカメラ、映写機など。

⑤ 主に園生活をおくるために必要な園具・教具

机や椅子などの備品など。

　これらは保育環境として子どもたちの身近にあり、子どもたちの生活や遊びを支えている。また子どもたちは生活や遊びのなかで、これらのものを活用しながら、園での生活を行っている。多くの教材や児童文化財に囲まれて生活している子どもたちにとって、はたしてそれらのものが子どもたちの成長にふさわしいのかどうか、実際の活用の仕方について園内で話し合いをもち、保育者一人一人がもう一度考える必要がある。

§2　家庭や集団保育における児童文化・児童文化財の活用

保育における児童文化および児童文化財の活用について考えてみよう。

1. 関係をつくる・関係を深める・関係を広げる

　誕生した子どもは、家庭における保育のなかで「身近にある人やもの」と深いかかわりをもちはじめる。これは当然のことであり、大事なことである。まずは「人」の存在が大きい。子どもに対して親密で相互応答的なかかわりをしてくれる養育者に関心をもち、泣きや笑いや喃語、身振り・手振りで自分の欲求を伝え、人とのやりとりを行っていく。親しい人への関心は、養育者が関心を示す玩具や絵本へと向かう。共通の関心に向かうことで、ものを介しての三項関係が成立するようになる。このことによって、子どもの世界は広がり豊かになる。

2．子どもの身体・情緒を育てる

　乳児期の子どもの発達は著しい。4か月ころには首が座り、5か月ころには目の前のものをつかもうとしたり、口にもっていったりする。6か月を過ぎると、お座りができるようになり、はう、立つといった運動や姿勢の発達が進む。手の機能が発達して、座ることで自由になった自分の手を使ってものとかかわるようになる。9か月ころには、両手にものをもって打ちつけたりできるようになる。

　乳幼児期の子どもと児童文化財とのかかわりを見ていると、大人は子どもの身体的な発達や情緒的な発達を「少し先」へと促す玩具などを準備する。また子ども自身も発達を「少し先」へと導く玩具に興味を示す。

　子どもが目でものを追えるようになると吊りメリーやモビールを吊るし、手で何かをもてるようになるとガラガラを渡す。一方、子どもは手が使えることがうれしいらしく、絵本をたたいたりして、手で絵本の存在を確かめる。一人で少し歩けるようになると、その発達を助けるような玩具を楽しむ。自身の身体の機能が使えることを楽しむかのようにものと遊ぶ。

3．自分のペースで出会う、くり返し出会う

　箱積木を一つ一つ取り出しては床に並べる1歳児の姿を見てみると、自分のペースでものと出会っていることがわかる。絵本を自分のペースでゆっくりとあるいは独自の方法でめくりながらものの特性や機能を理解していく。このくり返しのなかで、ものを扱う力、ものを使って何かを生み出す力を獲得する。低年齢の時期にはこのようにゆっくりゆったりとした環境のなかで、子どもが自分のペースでくり返しながら、ものと出会う時間を確保したい。

4．友だちと遊ぶ、みんなで遊ぶ

　幼稚園や保育所で子どもたちはたくさんの子どもと出会う。保育所に低年齢の時期から入所する子どもは保育所の生活の仕方を学び、他の子どもの姿を目にする機会も多い。集団での遊びがはじまるころの子どもたちを見ていると、はじめは一人で遊んでいた鉄道や粘土板、砂場での遊びに、他の子どもたちが加わりさまざまな交流が生まれる。ぶつか

ることもあれば、ものの取り合いになることも多い。自分がやりたい・遊びたい遊びをするのであるが、それをいっしょに遊んだり、ときには邪魔をする子どもの存在に気づくようになる。

やがて集団としての信頼や親密性が生まれてくると、子どもたちはそれぞれのイメージを伝え合い遊ぶようになる。はじめのうちは、それぞれの思いが異なり、イメージがうまく伝わらない経験をすることも多いが、次第にイメージを具体的にもっている子どもに合わせて、あるいはそれぞれの意見を出し合いながら遊べるようになる。そのようになると、それぞれの玩具や教材は、子どもたちのイメージによって自由に扱えるものとしてあらたな方法で使われる。子どもたちの遊びを見ていると保育室や園庭の環境をうまく使いながら、子どもたちの発想で自然物を含めていろいろなものを遊びの道具に変えていくのがわかる。

もちろんそれぞれのものの特徴は生かされる。お店屋をはじめた子どもは、絵本棚を店にして、ホワイトボードに価格表を書き、絵本や図鑑も商品として売られる。

プリキュアショーをはじめた子どもは積み木を舞台に、人形の毛布をカーテンにと、子どもなりのアイディアで創造的に使う場合もある。年齢が高くなればなるほど、ダイナミックな遊びが生まれてくる。このときには、シンプルで想像によっていろいろなものに変化が可能な可塑的素材や玩具が好まれる。

集団で生活し、他の子どもたちの遊びを見ている子どもたちは、遊びの仕方をまねて遊ぶようになる。年少の子どもたちは、年長の子どもたちがいなくなった場所で、同じ遊びを試してみたりする。もちろん、年長の子どもたちのように技術をもたないために、うまく遊べないこともあるが、年長の遊びの醍醐味は深く年少の心に蓄えられ、ある決まった時期になると再びその遊びが見られる。

泥団子のつくり方、竹馬の乗り方、手遊びの仕方、こまのまわし方など、子どもたちの遊びは、子どもたちによって伝承される。子どもたちが熱心に集中して遊べば遊ぶほど、遊びの魅力は増し、小さい子どもたちにとってはまねしたい魅力的な遊びとなる。またたくさんの子どもがいることで、ものや玩具の多様な使い方が示され、ときには大人の想像しない危険をともなう使い方を含めて、その使い方を「見てまねる」子どもたちの姿が見られる。

幼稚園や保育所では、ものは教育的な配慮のもとに教材としての要素をもちながら活用されているが、子どもたちの想像力と創造力によって、子どもの手による遊びの道具となる。また多くの子どもたちの手によって、もの本来の機能を超えた遊びが展開される。

5．生活の流れをつくる

　そもそも人類の長い歴史のなかで、形成されてきた文化は、人々の知恵と工夫で生活にリズムをつくり出し、生きることに豊かさを与えてきた。

　家庭、幼稚園や保育所では、子どもたちが成長の喜びを感じながら、自信をもって育っていくように、季節感のある活動や年中行事を取り入れている。

　1日の生活のなかにも、元気に活動する、ゆっくり集中して楽しむ、気分を変える、1人で楽しむ、みんなで楽しむなど、緩急やリズムを考え、生活の流れをつくり出す児童文化財の活用が望まれる。

　そのためには、形式的に行うだけではなく、子どもの生活にとって本当に必要な行事や児童文化財とは何かを考えることが必要である。

6．テレビ、映像メディアの利用を考える

　家庭での子どもたちは、親しい人との親密な関係のなかで、自分のペースでものと出会い、人と出会い、そのやりとりを通して、自分の世界を広げている。

　しかし近年、家庭での生活にテレビ、映像メディアが入り、子どもたちが人と向き合い、直接かかわる体験が少なくなっている。

　子どもの視聴時間を見ると、低年齢の早い時期より映像メディアを多く視聴している様子がわかる。

　親にとっては家事などの時間を生み出すために、子どもにテレビやビデオを見せることもあるだろう。家庭保育のなかに、テレビなどの映像メディアが多く取り入れられている現状では、親しい人とのやりとりや応答性のある環境のなかで、子どもが何らかの働きかけへの応答を確認し、自信を高め、充実感を味わう機会が減少している。とくに低年齢の子どもの映像メディア中心の生活については、十分その偏りに留意する必要がある。

　子どもたちの生活は、幼稚園・保育所で完結するものではない。家庭での映像メディア視聴が増加する傾向を理解した上で、園では一方的なかかわりにおわらない、双方向のかかわりや直接体験を重視した活動をどのように取り入れていくかを考えることが重要な課題である。

§3　子どもの発達と児童文化・児童文化財

1．子どもの身体発達と連動した玩具

　玩具は身体の発達と連動して遊ばれている。とくに発達の顕著な低年齢の子どもの場合は、大人がうまく誘いながらちょうど身体の発達を促すにふさわしい玩具で遊ぶことを楽しみ、またそのような玩具で遊ぶことで身体の発達が見事に促されている。
　まずは、就学前の子どもの発達を概観しておこう。

表2　就学前の子どもの発達

＜おおむね6か月未満＞ ・「首がすわる」「手足の動きが活発になる」「寝返り」「腹ばい」など、全身の動きが活発になる。 ・「泣く」「笑う」「喃語」で、自分の欲求を表現する。 ・応答的なかかわりのなかで、特定の大人との情緒的絆が形成される。
＜おおむね6か月から1歳3か月未満＞ ・「座る」「はう」「立つ」「つたい歩き」といった運動機能が発達する。 ・腕や手先を意図的に動かし、周囲の人や物に興味を示し、探索活動が活発になる。 ・人見知りをする。 ・特定の大人とのかかわりによって、情緒的な絆が深まる。
＜おおむね1歳3か月から2歳未満＞ ・「歩き始める」「手を使う」「言葉を話すようになる」など、身近な人や物に自発的に働きかける。 ・玩具などを実物に見立てる。 ・大人の言うことがわかり、自分の意思を親しい大人に伝えたい欲求が高まる。
＜おおむね2歳＞ ・「歩く」「走る」「跳ぶ」などの基本的運動機能や指先の機能が発達する。 ・食事、衣類の着脱を自分でしようとする。排泄の自立のための身体的機能が整い始める。 ・自我の育ちの表れとして、強く自己主張する姿が見られる。
＜おおむね3歳＞ ・基本的な運動機能が伸び、食事、排泄、衣類の着脱などがほぼ自立できるようになる。 ・話し言葉の基礎ができる。 ・ごっこ遊びを楽しむ。
＜おおむね4歳＞ ・全身のバランスがよくなり、体の動きが巧みになる。 ・想像力が豊かになり、目的をもって行動する。 ・仲間とのつながりが強くなりけんかも増える。 ・身近な人の気持ちを察し、気持ちを我慢できるようになる。

＜おおむね5歳＞
・喜んで運動遊びをしたり、仲間とともに活発に遊ぶ。
・言葉により共通イメージをもって遊びが楽しめるようになる。
・自分なりに考えて、判断する。
・仲間の一人としての自覚が生まれる。

＜おおむね6歳＞
・全身運動が巧みで、快活に跳び回る。
・心身ともに力があふれ、意欲が旺盛になる。
・協同遊びやごっこ遊びを楽しむ。
・思考力や認識力が高まり、自然事象や社会事象、文字への関心も深まる。

（「保育所保育指針」2008年版より抜粋、筆者作成）

子どもの発達の特徴を踏まえたうえで、子どもの発達と連動した玩具を選ぶポイントを次に示した。

（1）6か月未満：手や指を動かす、さわる、つかむ、にぎる、口に入れる

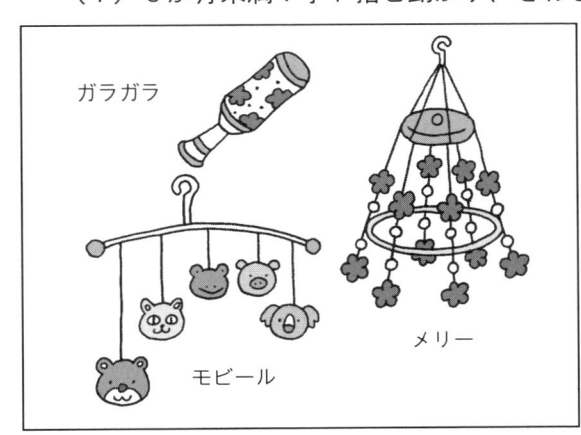

この時期の乳児の玩具は、やわらかい、つるつる、ふかふかしているなど、さわったりふれたりしたときの感触を楽しめるものがよい。明るい色、やさしい音など五感で楽しめるものを喜ぶ。また、口に入れて安心なものでなければならない（とくにトルエンやホルムアルデヒドなどの含有物が含まれていないもの）。口に入れる動作も好むため、誤飲しないものを選ぶ。

（2）6か月～1歳3か月：手や指を使う、なめる、さわる、にぎる、つかむ、たたく、引っ張る、転がす、ふく、つかまって立つ

この時期は、やりとりなどコミュニケーションの遊びを楽しめる玩具を用意したい。手や指をつかって動かすものや全身を動かすものなどがよい。らっぱなどの吹くものも楽しんで遊べるようになる。

（3）1歳3か月～2歳：歩きはじめる、言葉を話しはじめる、手を使う、見立てる、引いて歩く、押して歩く、まねして遊ぶ、重ねる、はめる

手押し車
引いて遊ぶ玩具

この時期は、いっしょに歩いたり走ったりできる玩具がよい。また、ままごとや人形遊びなど、生活のまねをして遊べる玩具なども好む。手先の動きも器用になってくる時期なので、重ねたり、はめたりして手を使って遊ぶものもよい。体が安定していないので、転倒などの危険があるものに関しては、注意を払う。

（4）2歳～3歳：歩く、走る、跳ぶ、水・砂などの素材を楽しむ、生活の模倣と自立

パズル
砂遊びの用具

一人でいろいろなことができるようになる時期なので、体全体を動かして遊べる玩具がよい。水・砂遊びなど戸外遊びで使える玩具も楽しんで使う。また、手先の動きがさらに発達してくるので、巧緻性の発達を促す、はめたり、積んだり、手を動かして遊ぶものがよい。

（5）3歳～4歳：ごっこ遊び、体全体で遊ぶ

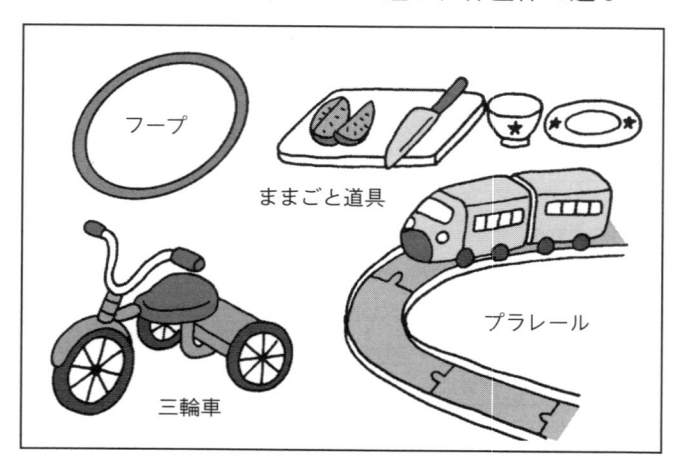

フープ
ままごと道具
三輪車
プラレール

体の動きが巧みになるこの時期は、体をダイナミックに大きく動かして遊ぶものがよい。想像力も豊かになるので、積んだり、重ねたり、はめ込んだり、つないだりするものも楽しんで遊ぶ。ごっこ遊びを一番楽しむ時期でもあるので、ごっこ遊びで使う玩具なども多く用意するとよい。

（6）4歳〜5歳：構成遊び、挑戦するもの

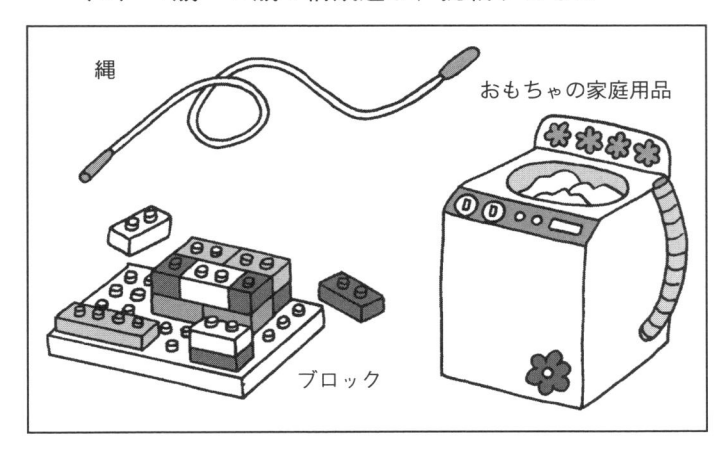

はめ込む、折るなど細かい手の動きをともなうものでも楽しんで遊ぶようになる。友だち同士のつながりも深くなるので、ごっこ遊びや振り遊びを楽しめるものがよい。本物らしさがあるもの、挑戦したり、じっくり取り組むことができるものがよい。

（7）5歳〜6歳：数人の仲間と遊ぶ、ルールを守って遊ぶ、協同して遊ぶ

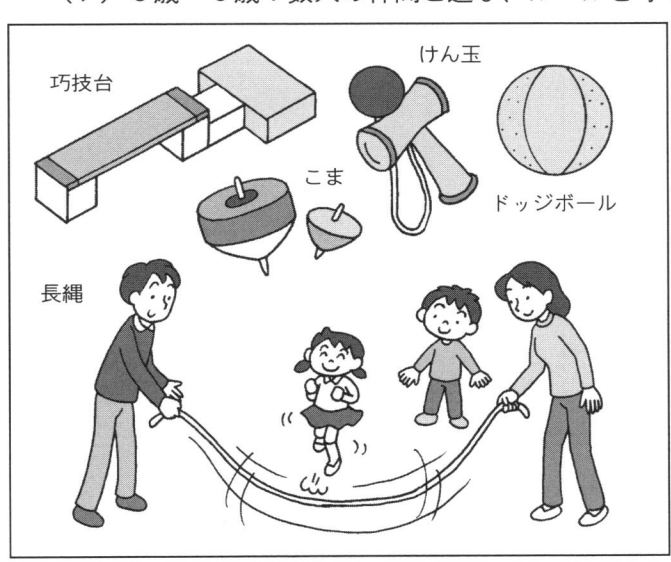

ルールのある遊びを楽しめるようになるので、多くの友だちといっしょに遊べるサッカー、ドッジボールなどスポーツやゲームで使うものを好む。けん玉、こまなど自分で目標をもって遊ぶものや仲間と技や技術を競い合えるものなども楽しんで取り組む。思考力や認識力が高まるので、知的関心に応えるもの、調べたりできるものにも意欲的に取り組む。

　子どもの発達は個人差や育った環境における差があるので、その子ども一人一人の発達を見極めて玩具を選ぶのがよい。

2．子どもの年齢や遊びに合ったサイズ、素材、形態

　同じ玩具でも年齢によって遊び方が異なる。また保育のなかでの提供の仕方も異なる。ここでは積み木を例に考えてみよう。
　3歳児が積み木を遊ぶ様子を見ていると、しばしば自分（あるいは自分たち）で積み木を高く積み重ねては壊して遊ぶ。「高く積み上げるために集中して積み木に向かう―高く積

み上がる途中で壊す―再び高く積み上げるため集中して積み木に向かう―再び壊す」という遊びがよく見られる。

　また大型の積み木を運びながら、基地をつくりはじめようとする子どももいるが、他の子どもによって「壊される」ことも多い。そのため、3歳児の積み木は3歳児の手の大きさや動きにあった扱いやすいものが選ばれるし、崩して倒れることを想定して「やわらかい素材」「倒れても危なくない」積み木が保育室におかれる。

　年齢が高くなると手の巧緻性が獲得されるので、高度な積み木の扱いが可能になる。椅子や台座を自分たちで用意して高く積み上げることに挑戦する姿も見られる。

　どの面に次の積み木を乗せれば、バランスをとることができるかと慎重に集中して高く巨大に積み上げようとする姿がある。

　また、ある程度の重量のある大型積み木を運び、自分たちの豊かな想像力で自分たちの遊びの場所をつくっていく姿がある。

　大型積み木を使って基地やままごとのコーナーはもちろん、プール、アスレチック、迷路、遊園地、お化け屋敷、恐竜島などさまざまな遊びが生み出されていく。3歳児に見られたように突然「壊す」「壊される」といったことは少なくなり、積み木は子どもたちが友だちとイメージを出し合いながら、自由に扱えるものとして、子どもの遊びの道具となる。5歳児にもなると、子どもの協同性を発揮できるシンプルで大量の積み木や広い空間を使う積み木が採用され、保育室や遊戯室におかれた積み木によって、子どもたちの遊びは発展していくのである。

§4　保育現場は子どもたちによる児童文化創造の場

　就学前の保育は遊びを大切にしてきた。教育的な配慮のもとに、保育者によって教材や児童文化財の提供が行われているが、子どもたちの生活や遊びのなかでは、子どもたちの創造により、また子どもたちの手によって、それらのものはいろいろな遊び道具として使われている。

　保育のなかの児童文化財は、子どもたちの発達と連動し、一人の遊び、集団の遊びの媒介物となり、子どもたちをつなぐ役割を担っている。子どもたちの遊びの力によって、児童文化が創造され、園の文化のなかに蓄積される。子どもたちは互いに、園文化のなかにたちあらわれる子どもたちの文化を垣間見ながら、心ひかれ、年長から年少へと、遊びやわざの伝承が行われている。幼稚園や保育所は子どもたち集団による文化の創造の場となっているのである。

　その際、重要なのが保育室や園庭におけるもののおき方であったり、保育者が年長の活動が年少にも見えるように工夫することである。子どもはものの動きや憧れる年上の子ど

もや大人が使うものに誘われ、ものへの興味を増す。教材・児童文化財がどのように扱われ、遊ばれるのかを探究することが重要である。

　一方、幼稚園・保育所は当然のことながら教育的使命をもった施設である。そのため、子どもたちの安全への配慮や学習への動機づけも必要である。教育という意図を強くもった幼稚園や保育所で、子どもたち集団の自主的な活動を認め、創造的活動を育てていくことは、簡単なことではない。安全や教育性を確保しつつ、玩具を通しての遊びの自由度を高めるという課題がある。

　近年、保育現場に教育玩具や教育絵本と呼ばれる児童文化財が多く導入されている現状をみると、文化を享受する存在としての子どもという考えが強く現れているように思う。

　大人の教育的意図を基盤に成立している保育施設のなかで、子どもの創造する姿を認め、共感し、子どもとともに遊びを生み出せるように保育を考えていくことが重要な課題である。

[第4章 引用・参考文献]
　1）東京女子師範学校は、1890（明治23）年に女子高等師範学校、1908（明治41）年に東京女子高等師範学校に改称している。
　2）浅岡靖央『児童文化とは何であったか』つなん出版、2004年、p.15〜20
　3）日本保育学会『日本幼児保育史 第4巻』日本図書センター、2010年、p.142〜143

・お茶の水女子大学開発途上国女子教育協力センター『日本の就学前教育の歴史』お茶の水女子大学、2006年
・永田桂子『よい「おもちゃ」とはどんなもの』チャイルド社、2007年
・日本保育学会『日本幼児保育史第1〜6巻』日本図書センター、2010年
・古田足日『児童文化とは何か』久山社、1996年
・フレーベル館『フレーベル館七十年史』フレーベル館、1977年
・森上史朗・柏女霊峰編『保育学辞典』「児童文化・児童文化財」項目、ミネルヴァ書房、2009年
・文部省『幼稚園教育百年史』ひかりのくに、1979年
・文部省幼稚園課内幼稚園教育研究会編『幼稚園における園具・教具活用事例集』ぎょうせい、1998年

> **column**　幼稚園・保育所の"○○名人"——名人がいることの意味
>
> 　幼稚園や保育所には、"○○名人"がたくさんいる。こままわし名人、縄跳び名人、虫とり名人、どろ団子名人、ダンス名人など。それぞれの子どもが個性を生かして、好きな遊びを極めている。もくもくと自分の技を磨く姿は、他の子どもたちにとっては魅力的で、とくに年下の子どもたちは憧れをもって見つめる。どろ団子名人は、黙々と堅いどろ団子つくりに集中しながら、ときどきかたく丸めることができない年下の子どもたちのそばにきて、砂を振りかけてくれる。砂と水をどのくらいの分量でまぜるとよいか、どこの白砂がよいか、磨くための方法などを教えてくれる。
>
> 　どろ団子も、こままわしも、縄跳びも、身体の機能の発達が必要であるし、技の習得までには時間がかかる。ときにはできないとあきらめながらも、子どもたちの遊びの好奇心が持続するのは名人の存在が大きい。
>
> 　子どもの名人に保育者が教えを請う場合もある。もちろん保育者のなかにも名人がいて、子どもたちの遊びを刺激する。遊びの名人がいる場は、遊びの伝承の場となる。そして遊びの前では、保育者－子どもの関係は、対等な関係となる。
>
> 　子どもたちが年長の遊びを垣間見ながら、遊びへの好奇心をため込む時間。そのような時間を十分に保障したい。

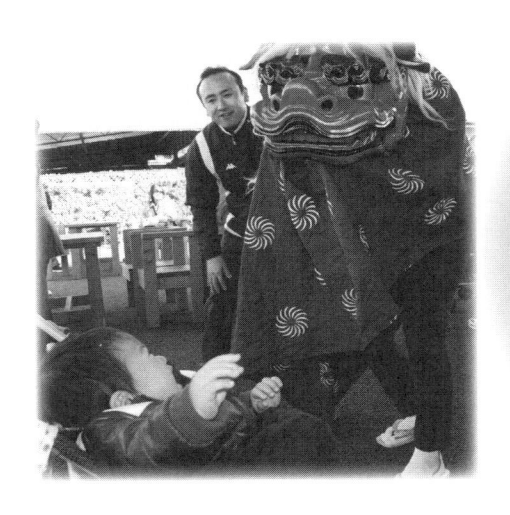

PART 2
児童文化財の保育への展開

　このパート2では「児童文化財」といわれるさまざまなものが、実際の保育の現場でどのように子どもたちとかかわっているのか、保育環境としての意味とその具体的な実践を紹介したものである。

　現在の保育は子どもの遊びを通して展開されているが、遊びそのものが「児童文化財」であるといっても過言ではない。保育室にある子どもが遊ぶことができるさまざまな具体物が「児童文化財」である。積み木やブロック、ままごとコーナーなどにある「ごっこ」のためのこまごまとした玩具、子どもが見る絵本、保育者が子どもに話す素話や紙芝居などのすべてである。子どもの活動を保育内容5領域（健康、人間関係、環境、言葉、表現）に分けてとらえることが普通だが、そこにある具体物や目には見えない遊び方のなかに「児童文化財」としての共通の視点がある。子どもの活動を総合的にとらえるためにも具体的なかかわりを知ることが目的である。

おはなし

● おはなしとは

　おはなしとは、絵本などを使わずに、語り手が声と表情だけで物語を語ることである。人形やぬいぐるみなどを補助的に使う場合もあるが、ここでは声と表情だけで表現することを指す。保育者が表現する児童文化のなかで、もっとも素朴な形のものということができるであろう。

　おはなしは、語り手自身が子どもたちと向き合い、自分の声だけで語りかける。コンサートをはじめ、朗読の会や演劇などのすぐれた表現においては、表現者と観衆・聴衆が空間と時間を共有し、その場をつくりあげる。おはなしの世界もまた、表現者である語り手と聞き手がつくりあげるものである。

　子どもたちの目を見て語りかけ、子どもたちの様子や場の状況に応じて語ることによって、保育の場の語り手である保育者も子どもも、そのときにしかできないおはなし体験をすることができる。それによって、子どもたちはおはなしに心をひきつけられ、想像の翼を羽ばたかせておはなしの世界に遊ぶことができる。また、語り手＝保育者と子どもの間に、おはなしの世界を介してやりとりが生まれ、おはなし体験を通じての信頼関係も築かれる。

● おはなしの種類

（1）昔　話

　古くから口伝えで語り継がれてきた昔話は、おはなしに適した素材である。囲炉裏端や炬燵を囲んで、昔話が語られ、家族や共同体がおはなしを楽しんでいた。歳月を重ねて語り継がれるなかで、はじまりや結びに、その地域独特の言葉や言いまわしが使われたり、途中で聞き手から決まった合いの手が入ったりと、語りにふさわしい形、語り手と聞き手がともにつくりあげる形が磨き上げられてきた。

　昔話にはくり返しのパターンがよく出てくる。これは物語にリズムを与え、聞き手におはなしを聞く楽しさを感じさせると同時に、それまでの物語を振り返り、理解する助けにもなる。このようなことからも、昔話はおはなしに向いているということができる。

また、昔話は簡潔でわかりやすいストーリーで聞き手を飽きさせないが、そこには人生の知恵や教訓、しきたりやものの考え方など、人々を精神的に支えるものを含んでいる。昔話を楽しみながら、子どもたちは人生を疑似体験したり、成長の関門を乗り越える支えを得たりすることができていたのではないだろうか。

　1970年代には、「まんが日本昔ばなし」がテレビで放映され、多くの昔話が紹介された。穏やかで素朴な語りは子どもだけでなく大人の心もつかみ、長寿番組となった。昔話をきちんと知らない子どもや、子どもたちに人気のキャラクターが登場するおはなしだと思っている子どもが多くいる現状を考えると、かつての口承の昔話と形は異なるが、昔話を子どもたちに伝える役目を果たしていたのかもしれない。子どもに昔話を伝える機会が減少している現在、保育の場で昔話を語ることは、そのような観点からも重要である。

　パート1の第1章（p.12）でも述べているが、昔話を知らない子どもが増えたことに加えて、近年、昔話の改変が問題になっている。「赤ずきん」の結末でオオカミと仲直りをする、「桃太郎」が礼儀正しく鬼が島を訪ね、鬼と仲良くなるなどである。前述したように、昔話は語りを楽しむとともに、人生の知恵を伝えてもいる。一つ一つの出来事や、物語の展開に意味がある。安易にストーリーを改変することは慎みたいし、語るテキストを選ぶ際にも注意が必要である。

（2）創作文学

　昔話だけでなく絵本や児童文学などのなかにも、おはなしに向いているものは多くある。創作文学は作家が言葉を選び、練り上げたものなので、その言葉をそのまま語るようにする。長い物語の場合は可能であれば「続きはまた今度」と何回かに分けて語るのもよい。テキストを整える場合は細心の注意が必要である。

（3）詩

　詩は言葉の美しさや音の楽しさ、韻を踏んだ響きの美しさやリズムのおもしろさなどを味わうことができる。保育者がおはなしの時間に語る詩は、耳から入る言葉とその場の雰囲気とともに、子どもの心に深い印象を残すものであろう。

（4）自作のおはなし

　保育者が日常的に、あるいは場合に応じて即興でつくる空想物語や子どもたちの日常に即した物語を語ることも、おはなしの一種ということができるであろう。たとえば、保育

者が飼っているペットや保育の場で飼育している生き物を主人公にしたおはなしを、「今日の〇〇」という形で語ったり、保育の内容に関連した空想物語をつくって語ったりすることもおはなしの一つの形である。

ここでは本来の意味でのテキストを覚え、自分のものにして語ることをおはなしとして考えるが、このような自由な形のおはなしも保育の場では大切にしたい。

● 保育現場でのおはなしの展開

（1）おはなしを選ぶ

おはなしを語るには、おはなしの選び方が重要になってくる。おはなしは、何度もくり返し練習して覚えて語るものであり、聞き手である子どもたちも、集中して聞くものである。子どもたちがおはなしを聞く楽しさを味わうことができる、語るにふさわしい作品を選ぶことが望ましい。

その第一歩は、語り手自身が「このおはなし、おもしろい！」「このおはなし、好き！」と思えたり、共感や感動を覚えたりするおはなしを選ぶことである。語り手自身の心が動かされ、「このおはなし、子どもたちに伝えたい」と思えるようなおはなしでなければ、聞き手の子どもの心にも響かない。子どもたちが語り手とおはなしを共有し、おはなしを味わい、おはなしを聞く楽しさを味わうためにも、語り手自身が「子どもたちに語って伝えたい」と思える物語を選ぶことが第一に必要なのである。

また、語り手にも一人一人個性がある。語り手に合ったおはなしを選ぶことができれば、おはなしのもち味を生かすことができ、語り手自身も語りやすくなる。そのため、聞き手の子どもたちもおはなしの世界に入りやすくなるであろう。

（2）おはなしのストーリー

おはなしは、絵本や人形劇、ペープサートなどと違い、聞き手は耳から聞いた言葉だけでおはなしの世界を想像する。したがって、聞き手にとってわかりやすい、想像のしやすいおはなしでなければならない。そのため、ストーリーはなるべく単純なほうがよい。情景や心情の描写よりも、はっきりとした出来事があって、時間の流れにそってストーリーが展開していくおはなしのほうがよいのである。

同じ理由で、登場人物も少ないほうがわかりやすい。また、語り手の視点が変わったり、回想などで時間の流れが逆行したりすると混乱を招きやすいので、視点が固定していて、時間の流れも一方向であるほうがよい。

また、昔話にはくり返しのパターンがよく出てくるが、くり返しはそれまでの物語を振り返り、ストーリーの理解を補うためにも有用である。加えて、一定の形をくり返すことで子どもに安心感と次の展開への期待をもたせることができる。

（3）おはなしの言葉

　前述したように、おはなしは耳から入った言葉だけで物語世界を想像するのであるから言葉はなるべく簡潔で、わかりやすいほうがよい。文章も短く、考え方の筋道にそった、単純な構成のほうがよい。

　しかしながら、単にやさしい言葉でストーリーだけを追えばよいというわけではない。とくに昔話では、同じおはなしでもさまざまなテキストがある。読み比べて、原話の世界観や雰囲気をよく表現しているものを選びたい。

　また、おはなしで聞く、耳から入る言葉は、子どもの心に深い印象を残すものなので、美しい言葉、リズムの楽しさやおもしろさを感じられる言葉、くり返しや韻の楽しさを生かした言葉など、すぐれた言葉のおはなしや詩を選びたい。

● おはなしをする前に

（1）おはなしを覚える

　おはなしは、子どもが言葉と出会う貴重な機会であるので、よいテキストを選び、きちんと覚えて語ることが望ましい。覚えるのは大変かもしれないが、そうすることによって語り手自身もおはなしの世界に入りやすくなり、落ち着いて語ることができる。

　覚え方は人それぞれであるが、大まかな流れとしては次のようになる。

- 何度も黙読しておはなしの骨組みを理解する
- おはなしの情景を具体的に心に描きながら、くり返し音読をする
- 全体の流れを考えながら、テキストを見ないで語る練習をする

　そして、単に丸暗記をするだけでなく、おはなしの世界をイメージし、語り手自身の言葉として自然に語ることができるように、くり返し練習しなければならない。

（2）環境を整える

　おはなしは集中力が必要なので、独立したおはなしのお部屋やおはなしのコーナーがあれば理想的である。が、実際には保育室で行うことが多いので、子どもたちがおはなしの世界に入りやすいように、集中しやすいように、環境を整えることが必要になってくる。

　まず配慮すべきなのは、周囲の音である。おはなしに集中できるように、静かであること。そのために部

屋の戸を閉めることが多いので、換気には十分気をつける。また、明るすぎないほうがおはなしに集中できるので、窓の少ない部屋か、窓がある場合にはカーテンやブラインドで光を少し抑える。

　語り手の背景は何もないほうが子どもたちの注意をそらさないので、可能であればついたてをおいたり無地の布で覆ったりしておく。木を格子状に組んだついたてをおいたら、光がチラチラと入って子どもたちの集中がとぎれてしまったという事例もあるので、ついたての細工や布の色などにも注意をする。

　語り手の服装も環境の一部と考えて、なるべくシンプルなものにする。

（3）導　　入

　手遊びや歌などが一般的であるが、おはなしがはじまる切り替えとなるような、落ち着けるものがよい。

　「おはなしのろうそく」として、ろうそくを灯すことでおはなしの世界のはじまりを告げる手法もある。小さな鈴や鐘を鳴らし、その響きに耳をすましておはなしの世界に入る、ということもよく行われている。

　いずれにしても、これからはじまるおはなしの世界に集中できるような、静けさを感じさせるような導入を工夫できるとよい。

（4）おはなしを語る

　導入で子どもたちが落ち着いたら、あまり前置きなどはせずに、すっとおはなしの世界に入る。

　語るときは、子どもたちの目を見ながら、おはなしの世界を具体的にイメージして伝えることを意識しながら、自然に語るようにする。

　おはなしでは、とくに間やスピードが重要になるので気をつけて語る。

　台詞は誰の言葉かわかるようにしたほうがよいが、無理に声色をつくったりする必要はない。抑揚も自然につけるのはよいが、大げさになりすぎないようにする。過剰な演出は、子どもたちの注意を本来のおはなしからそらしてしまうので、気をつけなければならない。

　途中で子どもから発言などがあった場合には、目で合図したりうなずいたりして、「わかっています」「聞いています」ということは伝えながら、おはなしは中断せずに続ける。

（5）結　　び

　おはなしの世界の余韻を残した結びを考えたい。

　「誰が出てきたかしら？」「どんなおはなしだった？」「どこがおもしろかった？」など、つい聞きたくなってしまうが、むしろ、子どもたちのなかから自然に出てくる感想や意見に耳を傾けるようにしたい。

　おはなしのもととなった昔話や童話の本、絵本などをさりげなく展示しておくのもよい。

おはなし実践 ①

ねずみのすもう

日本の昔話

　太ったねずみとやせっぽちのねずみのおはなしである。「デンカショ、デンカショ」と赤いふんどしをつけてすもうをとるかわいいねずみたちとやさしいおじいさんとおばあさんの様子が伝わるように演じたい。

セリフ	ポイント
①　昔々、あるところに、貧乏なおじいさんとおばあさんがいました。	＊題名は、おはなしに入るためにとても大切なので、ゆっくり、はっきり、ていねいに伝える。 ＊その後、少し間をおいて、余計な前置きなどは入れずに、すっきりとはじめる。
②　ある日、おじいさんが山へ柴刈りに行くと、向こうの山のほうから、「デンカショ、デンカショ」という声が聞こえてきました。「はて、なんだろう」と思って、山の奥に行ってみると、太ったねずみとやせたねずみがすもうをとっていました。	＊物語のはじまりなので、登場人物や設定をつかみやすいよう、ていねいにわかりやすく語る。
③　木の間に隠れて、よく見てみると、やせたねずみはおじいさんの家のねずみで、太ったねずみは村の長者どんの家のねずみでした。 　2匹のねずみは、「デンカショ、デンカショ」とかけ声をかけてすもうをとっているのですが、おじいさんの家のねずみは、やせっぽちで力がないので、長者どんの家の太っちょねずみにすとん、すとん、と投げられてばかりでした。	＊情景を思い浮かべながら具体的なイメージを伝えるように語る。
④　おじいさんは、自分の家のねずみがかわいそうになって、家に帰ると、おばあさんに言いました。「うちのねずみが、長者どんのところのねずみとすもうをとっていたが、やせっぽちで、すとん、すとんと投げられていたよ。かわいそうだから、もちでもついて、食べさせて、力をつけてやりたいなあ」 　そこで、おじいさんとおばあさんは、力を合わせておもちをついて、そのおもちを、戸棚の中に入れておきました。	＊ことさらに老人風に語る必要はないが、会話であることを意識して語る。 ＊おじいさんのねずみへの気持ちを想像することは大切だが、感情を込めすぎると、かえって伝わりにくくなるので注意する。
⑤　さて、あくる日、おじいさんが山へ柴刈りに行くと、昨日のように、「デンカショ、デンカショ」とかけ声が聞こえてきました。木の間からそっとのぞいてみると、おじいさんの家のねずみと、長者どんの家のねずみがまたすもうをとっています。 　なかなか勝負がつかないので、おじいさんが、そっと自分の家のねずみを応援していると、「えいっ！」と力を出して、長者どんのところのねずみを、すとんと投げてしまいました。	＊少し間をおいて、はじめる（間をあけすぎないように注意）。 ＊「えいっ！」は力強く。

セリフ	ポイント
⑥　長者どんのところのねずみはびっくりして、「どうして、一晩で、力が強くなったのだ」と聞きました。 　おじいさんの家のねずみは、「じつは、昨日の夜、おじいさんとおばあさんがもちをついて、たくさん食わせてくれたんだ」と答えました。 　長者どんの家のねずみは、それを聞くと、うらやましくなって、「おらにも食わせておくれ」と頼みました。おじいさんの家のねずみは、「おじいさんとおばあさんは、貧乏だから、もちなんてめったにつくことができないんだ。でも、もし、お前さんがお金をもってきてくれたら、ごちそうしてやろう」と答えました。	＊会話は、とくに声色をつくったりする必要はない。 ＊ただし、耳で聞いていると誰が話しているかわかりにくいので、子どもが区別できるように工夫して語ったほうがよい。
⑦　おじいさんは、家に帰ると、おばあさんにその話をしました。そして、その晩も、また2人でもちをついて、今度は2匹分のもちを、戸棚のなかに入れておきました。おばあさんは、小さな赤いふんどしを2本そろえて、もちといっしょにおいておきました。	＊「2匹分のもち」「小さな赤いふんどし」がきちんと伝わるように、意識して語る。
⑧　あくる朝、おじいさんとおばあさんが戸棚を開けてみると、もちとふんどしはなくなっていて、その代わりに、お金がたくさんおいてありました。	＊少し間をおいて、翌朝どうなっているかを楽しみにする気持ちを込めてはじめる。
⑨　それから、2人が山へ行ってみると、いつもよりずっと元気な声で「デンカショ、デンカショ」とかけ声が聞こえます。木の間からそっとのぞくと、2匹のねずみは、赤いふんどしをしめて、すもうをとっていました。どちらも強くて、とうとう引き分けになりました。それを見て、おじいさんもおばあさんも、とても喜びました。	＊「デンカショ」は、元気に、はっきりと。 ＊情景のほほえましさが伝わるように、楽しそうに語る。
⑩　長者どんの家のねずみは、それからも、おもちを食べにやってきました。そのたびに、お金をたくさんもってきたので、おじいさんとおばあさんは、たいそうなお金持ちになりました。そして、ずっと幸せに暮らしました。	＊最後は、ゆったりとおわらせる。

---

column　　"おはなし"に関する知識を深めよう！

　おはなしに関する書籍は多く発刊されている。そのいくつかを紹介するのでぜひ参考にしてほしい。
『「たのしいお話」お話を子どもに』『「たのしいお話」お話を語る』（松岡享子著、日本エディタースクール出版部、1994年）
　　東京子ども図書館から刊行された「たのしいお話」と題された小冊子のシリーズの一部を、2巻にまとめたものである。お話を語ることの意味や、お話の選び方・覚え方、語りについてなど、お話についてていねいにわかりやすく論じられているので、入門書としてぜひ読んでほしい。
『おはなしのろうそく 1～27（続刊）』（東京子ども図書館編、大社玲子挿絵）
　　おはなしや、わらべうた、指遊び等を数編ずつ収録したおはなし集。実践をもとに厳選された作品が日本のものも外国のものも幅広く掲載されているので、おはなしを知る・選ぶのに参考になる。テキストは語るために吟味されていて、そのまま覚えて語るテキストとしてすぐに役立つし、自分でテキストをつくるときにも参考になる。

おはなし実践 ②

おいしいおかゆ

グリム童話

　おかゆがどんどん煮える不思議なおなべのおはなしである。おかゆの煮えている様子を楽しくゆかいに語ってみよう。短いおはなしで、くり返しの表現もおもしろいので、低年齢児でも楽しむことができる。年齢の高い子どもには、おなべのおかゆをとめるためにいう言葉を考えてみたり、子どもがおはなしに参加できるような工夫を入れたりしてもよいだろう。

セリフ	ポイント
①　昔、あるところに、女の子がいました。	＊題名は、おはなしに入るためにとても大切なので、ゆっくり、はっきり、ていねいに伝える。 ＊その後、少し間をおいて、余計な前置きなどは入れずに、すっきりとはじめる。
②　女の子は、貧乏でしたが、気だてのいい、心のやさしい子で、お母さんと2人で暮らしていました。	＊物語のはじまりなので、登場人物や設定をつかみやすいよう、ていねいにわかりやすく語る。
③　あるとき、とうとう、食べるものが何もなくなってしまったので、女の子は、森へ食べ物を探しに行きました。 　すると、1人のおばあさんに会いました。おばあさんは、女の子が困っていることをちゃんと知っていて、小さなおなべを1つ、くれました。 　それは不思議なおなべで、「おなべや、にておくれ」と言うと、とてもおいしいおかゆを煮てくれるのです。そして、「おなべや、やめておくれ」と言うと、煮るのをやめるのでした。	＊情景を思い浮かべながら、具体的なイメージを伝えるように語る。 ＊「おなべや、にておくれ」と「おなべや、やめておくれ」は大事な言葉なので、ていねいにはっきりと。
④　そこで、女の子は、このおなべをもって、家へ帰りました。おなべのおかげで、女の子とお母さんは、いつでも好きなときに、好きなだけ、おいしいおかゆを食べることができるので、もうお腹が空いて困ることは、なくなりました。	＊女の子とお母さんのうれしい気持ちが伝わるように、楽しそうに。
⑤　ところが、ある日、女の子がよそに出かけているときのことです。お母さんはお腹が空いたので、「おなべや、にておくれ」と言ってみました。 　すると、おなべは、ぐつぐつ、おかゆを煮てくれました。 　お母さんは、お腹いっぱい、おかゆを食べました。そして、おなべをとめようと思いましたが、どう言っていいのか、わかりません。	＊少し間をおいて、はじめる（間をあけすぎないように注意）。

セリフ	ポイント
⑥　「おなべや、もうおしまい」とか、「おなべや、もうお腹いっぱいだよ」などと言ってみますが、おなべは、いつまでも、ぐつぐつ、ぐつぐつ、おかゆを煮ています。 　とうとう、おかゆは、おなべから、あふれてしまいました。おなべのふちから、どんどん、どんどん、こぼれていきます。 　それでも、おなべは、ぐつぐつ、ぐつぐつ、煮ています。	＊「ぐつぐつ」「どんどん」など、オノマトペの楽しさを味わいながら語る。
⑦　そのうちに、台所がおかゆでいっぱいになり、家中がおかゆでいっぱいになり、家の外へとあふれだしました。 　となりの家も、そのとなりの家も、おかゆでいっぱいになり、町の通りも、おかゆでいっぱいになりました。 　町じゅう、おかゆだらけです。 　それでも、まだ、おなべは、ぐつぐつ、ぐつぐつ、煮ています。	＊ユーモラスな情景を思い浮かべながら、軽快に語る。 ＊オーバーになりすぎると、かえって楽しさが半減してしまうので、気をつける。
⑧　町じゅう、大騒ぎです。でも、誰も、どうすればいいかわかりません。 　とうとう、おかゆの流れ込んでいない家は、町であと一軒だけになったとき、女の子が帰ってきました。 　女の子が「おなべや、やめておくれ」と言うと、おなべは、やっと、ぐつぐつ、煮るのをやめました。	＊前半は困ったように、「女の子が帰ってきました」から後半は安心したように明るく語る。
⑨　町の人たちは、家に帰るのに、自分の通る道を、ぱくぱく、ぱくぱく、食べて、食べて、食べ抜けなければなりませんでしたとさ。	＊言葉を重ねる楽しさを味わいながら、ゆったりとおわらせる。

保育への展開のまとめ

　おはなしは、絵本や紙芝居のような具体的な「もの」がなく、子どもは語られた言葉を手がかりにして、登場人物や場面を想像し、物語を理解していく。そのため、子どもの発達に応じたおはなしを選ぶことが重要になってくる。

　たとえば、3歳児はストーリーが単純で、表現が具体的なもの。子どもにとって親しみのある登場人物・動物や、くり返しのパターンが出てくるものもよい。集中力が途切れやすいので、あまり長くならないように、最初は5分程度から10分以内くらいにする。

　4歳児、5歳児と進むに従って、バリエーションが加わったくり返しのパターンや抽象的な表現を含む少し複雑な物語を楽しむことができるようになる。また、いっしょに声を出したりうたったりする、登場人物へ感情移入したりするなど、かかわり方もより積極的になるので、15〜20分くらいの聞きごたえのある物語も場合に応じて選ぶとよい。

　が、子どもは、おはなしそのものを楽しむだけでなく、保育者とともにおはなしの空間と時間を共有する楽しさも味わっている。子どもとのかかわりを育むことも意識して、ゆったりと、その場を包み込むようにおはなしを語ることを心がけたい。

--- おすすめ！ 作品紹介 ---

「テーブルよ食事の支度と金のロバとふくろの中の棒の話」　グリム童話
　家を追い出され、奉公に出た3人息子。年季が明けて、上の息子はごちそうを次々と出してくれるテーブルを、真ん中の息子は金貨をザクザク生むロバを親方にもらう。が、旅をおえて家に帰る途中、悪い宿屋の主人にだまされ、ただの古ぼけたテーブルと、年取ったロバにすりかえられてしまう。さて、末の息子が親方にもらったのは袋に入った棒。兄さんたちと同じ宿屋に泊まることになるのだが……。グリム童話でおなじみのおはなし。少し長いが、昔話によくある、くり返しのパターンや、3人目の末息子の成功など、構成がわかりやすく、また、ストーリーの展開も楽しい。覚えて、語ってみよう。

「かさじぞう」　日本の昔話
　ある年の大晦日。貧しいおじいさんは、笠を売って、そのお金でお正月のおもちを買おうと、町に出かけた。けれど笠は1つも売れなかった。がっかりして帰る途中、雪の中で寒そうなお地蔵さまを気の毒に思ったおじいさんは、お地蔵さまに、笠をかぶせて上げた。笠が1つ足りなかったので、最後のお地蔵さまには、自分の頭に巻いていた手ぬぐいを。家に帰って話すと、「それはいいことをした」とおばあさん。するとその晩、おじいさんとおばあさんの家にやって来たのは……。おじいさんとおばあさんの穏やかなやさしさや、行列が近づいてくるときのドキドキする思い、にぎやかな行列のおめでたさなどが心を温めてくれるおはなし。あわただしい年の瀬に、ゆったりと語ってみよう。

「桃太郎」　日本の昔話
　昔々、おじいさんとおばあさんがいた。おじいさんは山へ柴刈りに行き、おばあさんは川へ洗濯に行って、流れてきた大きな桃を拾って帰った。桃からは元気な男の子が生まれ、桃太郎と名づけられた。大きくなった桃太郎はおばあさんがつくってくれたきびだんごを持って、鬼退治へと出発する。途中、犬・猿・雉と出会い、お供に従えて……。桃が流れてくるときの「どんぶらこっこ、すっこっこ」という言葉のおもしろさや、犬・猿・雉との「（きびだんごを）1つください、お供します」などのやりとりの楽しさなどを味わえるおはなし。おなじみの昔話はやはりレパートリーに加えて、語ってみよう。

演習課題 1

- 同じ昔話でも、本によって表現が異なるので、いろいろなテキストを探してみよう。
- そのテキストを比較して、どんなテキストがおはなしにふさわしいか、考えてみよう。
- 選んだテキストを覚えて、おはなしを語ってみよう。

絵　本

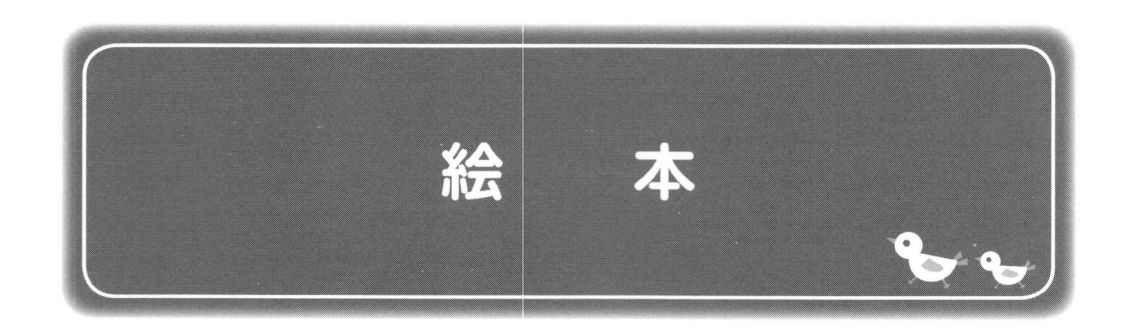

● 絵本とは

　絵本とは、絵と言葉からできている本である。
　本との豊かな出会いは、人生を豊かにするといわれる。たとえば、『ルリユールおじさん』（理論社、2006年）という絵本がある。主人公の少女ソフィーは、大切にしていた本が壊れてしまい、一人の老ルリユール（ヨーロッパの伝統的な製本を行う職人）と出会う。彼はソフィーが大事にしていた木についての本を修復し、"ARBRES de SOPHIE"（ソフィーの木）と題した表紙をつける。大人になったソフィーは植物学者になるが、そこに至る過程で、おそらくは何度もこの本を手にしたことであろう。本への愛情に加えて、ソフィーの本が、彼女にとって人生をともに歩む存在であり、人生の指針にもなっていたことが感じられる。本への愛情がしみじみと感じられる作品であるが、幸せな本との出会いは人生を豊かにするということを示唆して、読者の静かな共感を得ている。絵本は子どもがはじめて出会う本である。絵本との幸せな出会いもまた、子どもの発達にとっても重要な意味をもつのではないだろうか。
　子どもと絵本との出会いは、子どもが言葉を読むことよりは、むしろ、「絵を読む」ことと「読んでもらった言葉を聞く」ということによる。子どもにとって絵本は、絵を目で見て読み、身近な、親しい人（家庭であれば保護者、保育の現場においては保育者）に読んでもらった言葉を聞くものなのである。
　そこで、子どもと絵本という二者関係だけでなく、子ども―絵本―読み手の三者関係が生まれ、子どもと読み手、絵本と読み手という関係も現れてくる。子どもは絵本の世界だけでなく、読み手との関係も味わっているのである。絵本は読んでもらうことによって完成するということもできるであろう。読み手の存在が

重要となるのである。

　さらに、保育の場においては、保育者と子どもが一対一で読む場合もあるだろうが、多くの場合、子どもは集団で絵本を聞く。聞き手である子ども同士が、絵本を聞く場を共有し、ともに味わう体験をするのである。子どもは保育者の読む絵本の世界に友だちといっしょに出会い、味わう。絵本の世界を共有する。このことが保育の場で絵本を読むことの重要な意味となっている。

　そのため、表面的な派手さやかわいらしさにとらわれず、すぐれた絵や言葉の絵本を選ぶことが大切である。

絵本の種類

（1）赤ちゃん絵本

　おもに0、1、2歳児向けの子どもが赤ちゃんのときに出会う絵本である。子どもがはじめて出会う絵本でもある。絵を見ながら読み手が語りかけることによって、読み手との親密なコミュニケーションが形成される。

　赤ちゃん絵本は幼い子どもにも扱いやすいように、大きさや重さに配慮が必要である。小型で軽いほうが扱いやすいし、ページがめくりやすいように、また薄い紙で指を切ったりしないように、ある程度の厚さの紙でできていることが望ましい。

　また、お風呂で読むことができるようなビニール製の絵本や布でできた絵本など、さまざまな素材の絵本もある。お風呂の絵本は、温度で絵や色が変化するものもあり、また、布絵本ではボタンかけや紐結びの練習ができるようになっているものもある。

　1992（平成4）年にイギリスのバーミンガムでブックトラストが推進役としてはじまった「ブックスタート運動」は、子ども読書年である2000（平成12）年に日本に紹介され、東京都杉並区での試行を経て2001（平成13）年に導入された。2010（平成22）年には、700を越える自治体で実施されている。

（2）創作・物語絵本

　創作・物語絵本は、絵と言葉によってストーリーを展開させる絵本で、「ストーリー絵本」とも呼ばれる。現代の絵本の主流である。

　『はじめてのおつかい』（福音館書店、1977年）や『ピーターのいす』（偕成社、1984年）のように子どもの日常をそのままに描いたような作品もあれば、『かいじゅうたちのいるところ』（冨山房、1975年）、『めっきらもっきらどおんどん』（福

『はじめてのおつかい』
（筒井頼子作／林明子絵、福音館書店、1977年）

音館書店、1990年)のようにファンタジー世界での冒険や不思議なできごとを描いた作品、また『ぐりとぐら』(福音館書店) や『ばばばあちゃん』(福音館書店) のようなシリーズ作品など、幅広く絵本の世界を楽しむことができる。

(3) 昔話・民話絵本

昔話や伝説など、民間に語り伝えられてきた口承文学を絵本化したもの。日本では1950年代以降、民話の再話が行われ、絵本もつくられてきた。また、『おおきなかぶ』(福音館書店、1966年)、『てぶくろ』(福音館書店、1965年)、『スーホのしろいうま』(福音館書店、1967年) のような外国の民話も翻訳・紹介されている。

近年では、昔話のストーリーや結末をぼかしたり、変更したりといった改変が問題になっている。一方で昔話をまったく、あるいはきちんと知らない子どもが増えていることも問題になってきている。昔話はかつては家庭や共同体で語り継がれてきたものであり、そこには人生への示唆や支えとなる教訓が含まれていることも多い。昔話が本来果たしていた意味を考えていくことも必要であろう。

『てぶくろ』ウクライナ民話(エウゲーニー・M・ラチョフ絵/内田莉莎子訳、福音館書店、1965年)

(4) 知識絵本

子どもに事物や事柄についての知識を伝える絵本である。子どもは絵本を楽しみながら知識を身につけることができる。が、単に知識を「教える」ために用いるのではなく、子どもの知的な興味や好奇心に応え、育んでいくことが大切である。

● 科学絵本

自然や社会のさまざまな事象・事物について、系統立てた説明や知識を伝える絵本。生命について、身体について、動物について、植物について、海や川、お天気などの自然事象について等、さまざまなテーマの絵本がある。

● 図鑑絵本

動物や植物、乗り物などについて、知識情報として図鑑風に描いた絵本。図鑑的にものの名前を提示するだけのものもあれば、ストーリー的な説明の言葉の入っているものもある。また、絵の代わりに写真を用いているものもある。

● 数の絵本

数の概念や数量的なものの考え方等を伝える絵本。数だけでなく、ものの数え方、大きさの大小や量の多寡などにも言及しているものもある。

（5）言葉の絵本

　詩や言葉遊び、早口言葉や駄洒落、オノマトペなど言葉のリズムの楽しさや音のおもしろさを楽しんだり、言葉の美しさを味わったりする絵本。近年では四字熟語、落語の一節や慣用句等をテーマとした言葉の絵本もあり、子どもたちに親しまれている。また、学習的な意味合いの強い文字についての絵本もある。

（6）写真絵本

　写真で構成されている絵本。図鑑的な絵本や科学の絵本でも写真は多く用いられてきたが、『はるにれ』（福音館書店、1981年）、『ふゆめがっしょうだん』（福音館書店、1990年）のような、写真によって表現をする絵本がつくられるようになってきた。『はるにれ』のように写真だけで構成されている絵本もあれば、『ふゆめがっしょうだん』、『よるのようちえん』（福音館書店、1998年）のように言葉のある絵本もある。

（7）文字のない絵本

　絵だけで構成された絵本。赤ちゃん絵本にも多くあるが、それ以外にもさまざまな作品がある。読み手が自由にストーリーを展開させたり、絵のしかけ（だまし絵、隠し絵など）を探したり、絵の細部まで楽しんだりすることができる。

（8）しかけ絵本

　切抜きや飛び出しなど、さまざまなしかけが施してある絵本。『はらぺこあおむし』（偕成社、1976年）の丸い小さな切抜き窓やロバート・サブダのポップアップ絵本（飛び出す絵本）はよく知られるところである。他にも、ページを観音開きにしたり、スライド式で絵が変わったり、音や声が出たりなどさまざまなしかけの絵本がある。

（9）バリアフリー絵本

　障がいというバリアーを越えて楽しむことができる絵本。残念ながら日本では、まだ障がい者のための絵本の点数は少ない。

● 保育現場での絵本の展開

　絵本は子どもがはじめて出会う本である。よい絵本との出会い、すぐれた絵や言葉の絵本に数多く、またくり返し触れることは、子どもの発達の大きな支えとなる。絵本は言葉の環境としても重要な役割を果たすのである。

　また、前述したように、絵本は子どもにとって「聞く」ものである。絵本を仲介として、子どもと読み手である保育者のかかわりが生まれているのである。保育者の声で語られる絵本の言葉は、子どもに絵本の世界を提示するとともに、読み手である保育者との絆

も確かなものにする。

（1）絵本を選ぶ

　保育の現場では、子どものリクエストに応じて絵本を読む場合も多い。子どもは、お気に入りの絵本をくり返し読んでもらうことを好む。が、保育の流れのなかで、また子どもとのかかわりのなかで、保育者が選ぶことはそれに劣らず多くあるであろう。

　それでは、絵本を選ぶ際にはどのような点に注意すればよいのであろうか。

　まず、よくいわれることであるが、読み手である保育者自身が楽しんだり、共感したりできる絵本を選ぶことである。読み手自身が楽しみながら読むことで、絵本の世界はよりいきいきと子どもに伝わるであろう。

　百人の保育者がいれば、選ぶ絵本も百通りある。子どもはより幅広く豊かな絵本体験をすることができる。また、同じ絵本を選んでも、読み手によって受ける印象は大きく変わり、表現の違いを味わうことも興味深い。

　では、選び方についてもう少し具体的に考えてみよう。

　まず、子どもの年齢と発達を考慮することが必要である。同じ絵本でも、年齢が異なると受け取り方がまったく異なる場合もある。子どもの発達段階に合わせた絵本を選ぶことが望ましい。また、その際には、子どもがどれくらい絵本に触れていたかという読書歴も考慮したい。年齢や読書歴に応じて、言葉の量や文章そのものの長さ、時間の経過や展開を含むストーリーの複雑さなどを考慮して選びたい。縦割りクラスなど異年齢の子ども集団に読む場合には、下の年齢の子どもにも理解できる絵本を中心にしたほうがよい。

　子どもの年齢とともに、子どもの人数も考慮に入れたい。年齢が上がるにつれ、人数が多くても集中できるようになるが、小さな絵本は少人数で楽しむのに向いているし、クラス全体に読むときには、ある程度の大きさの絵本のほうが子どもたちも絵を見やすい。もともと大型の絵本や従来の絵本を大型にした絵本もあるので、上手に利用したい。ただし、絵本はページのレイアウト等もデザインされてつくられているものなので、安易に大きくすることは避けたい。

　次に、絵本のテーマである。子どもの成長や心の動きを軸としながら、季節を感じさせるもの、年中行事や園の行事に合わせたもの等の他、詩や言葉遊びなど言葉を中心としたもの、人とのかかわりやあいさつや歯磨きなどの日常の生活習慣を扱ったもの、また近年では『もったいないばあさん』（講談社、2004年）や『ミラクルバナナ』（学研、2001年）のように環境問題を扱った絵本などもあり、絵本のテーマは多岐にわたっている。保育の流れや子どもたちの様子に合わせて、ふさわしい絵本を選びたい。

（2）絵本の絵について

絵本では絵が多くのことを語っており、子どもは絵本の絵を読む。絵は、子どもが絵本の物語世界と出会う手がかりになっている。そのため、単に技巧だけを追い求めたものや、見た目のかわいらしさだけの絵ではなく、美しい絵、芸術的にすぐれた絵、作品世界を表現している絵の絵本を選びたい。

（3）絵本の色について

色についても同様である。『もりのなか』（福音館書店、1963年）は白と黒だけの世界だが、森の小暗い雰囲気がよく表現され、また白と黒だけであるがゆえに、想像力を豊かに働かせる余地がある。『かいじゅうたちのいるところ』も明るい色づかいではないが、心象風景としてのかいじゅうたちの世界にはふさわしい。『おやすみなさい おつきさま』（評論社、1979年）が時間の経過を色の変化で表現していることはよく知られていることであるし、『かばくん』（福音館書店、1966年）は、ゆったりとした動物園の楽しさが穏やかな色調から伝わってくる。

『もりのなか』（マリー・ホール・エッツ文・絵／まさきるりこ訳、福音館書店、1963年）

一方、『ブターラとクマーラ ベッタベタ』（フレーベル館、2003年）は豊富な色を存分に楽しんでいて、豊かな色づかいの心地よさが感じられる。また『あおくんときいろちゃん』（至光社、1967年）は色の不思議さ、楽しさが弾むような絵で表現されている。

このように、絵本の色づかいも作品によって異なるので、表面的な派手さや色のきれいさだけでなく、その作品にふさわしい色づかいがされているかを考えて絵本を選びたい。

（4）絵本の形について

大きさについては前述のとおりであるが、絵本の形もさまざまであり、その形を生かしたおはなしの展開もさまざまである。たとえば、『おおきなきがほしい』（偕成社、1971年）は横開きの絵本であるが、途中から見開きの画面を縦に使い、木が上へ上へと伸びていく様子をよく表現している。また、前出の『おおきなかぶ』では、横長の画面に引っ張る人がどんどん増えていく様子が描かれ、楽しさを増している。このように内容に合った形や、内容をより魅力的に表現している形の絵本を選ぶことも大切である。

その他、レイアウトや紙質、全体のデザイン等、多くの要素がある。それらの要素を考慮に入れながら、保育の流れに生かすことができるように、絵本を選ぶことが望ましい。

子どもたちに絵本を読み聞かせよう

絵本
実践

絵本の読み聞かせ

絵本を読む前に

　絵本の読み聞かせでは、絵本の世界を子どもたちに届け、共有することが大切である。絵本の文章は短いものが多く、ほとんどがひらがなで表記されているので、テキストの文字を読めばよいと安易に考えがちである。が、ひらがなばかりの表記は読みこなすのが案外むずかしい。また、絵本の世界を子どもと共有するためには、ただ画面の文字を追うだけではなく、子どもとともにストーリーや絵を楽しめるようなゆとりが必要である。

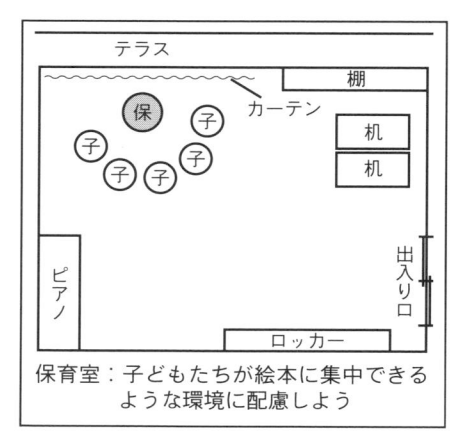

保育室：子どもたちが絵本に集中できるような環境に配慮しよう

　そのためにも、何度も声に出して読み、くり返し練習をしておくことが大切である。環境としては子どもが絵本に集中しやすいように、読み手の背景は壁やカーテンがよい。子どもたちが集まったら、絵本が見やすいように、子どもの座る位置を扇型にしたり、前後で重ならないようにしたりして調整する。読み手（保育者）は、子どもの座り方に応じて椅子に座るか、立つ。

導　入

　集団に絵本を読む場合には、子どもたちが集まってすぐに「はい、読みますよ」とはじめるのではなく、導入が必要である。これから読む絵本に関連する事柄について話しかけたり、手遊びをしたり、短い歌をうたったりするのもよい。絵本に集中する雰囲気をつく

ることが大切である。

絵本を読む

　画面がぐらぐらしないように、絵本をしっかりと支えてもつ。体が絵本にかぶさったり、絵本の画面をのぞきこんだりしないようにする。また、絵本のページが子どもに見やすい角度になるように気をつける。

　前述したように、絵本の世界を子どもに届け、共有して楽しむことを心がける。そのために、後ろの子どもまで届くようにはっきりと落ち着いた声で読むことや、子どもに聞き取りやすいような速さで読むことを心がける。全体を把握し、間やテンポの緩急、ページをめくるタイミングなどに注意して読む。気持ちを込めて読むことは大切だが、過剰な声色などの演出は、子どもの興味がそれてしまうので慎んだほうがよい。まず、表紙を見せ、題名をゆっくり、はっきりと読む。

　絵本は表紙から見返し、中表紙から、本文、後ろ見返し、裏表紙にいたるまでデザインされている。いきなり、なかのお話のページからはじめるのでなく、表紙も見返しもていねいに見ていきたい。

　前出『おおきなきがほしい』では、見返しに木の見取り図が描かれていて、これからはじまる物語への期待が高まる。また、同『ブターラとクマーラ　ベッタベタ』の裏見返しでは、語られていないお話の結末が予感される。

　見返しが真っ白あるいは無地の絵本もあるが、その場合も、絵本の世界の入り口として静かに味わいたい。

　そして絵本の内容に入るが、その楽しみ方もさまざまにある。
　　① 静かにじっくりとお話を聞く。
　　② いっしょに声を出して楽しむ（例：『おっと合点承知之助』ほるぷ出版、2003年）。
　　③ 動作をつけて楽しむ（例：『おおきなかぶ』）。
　　④ やりとりをして楽しむ（例：『やさいのおなか』福音館書店、1997年／『くだもの』福音館書店、1981年）。

　本文がおわると、ホッとして「おしまい」と本を閉じてしまいがちであるが、絵本の余韻を味わい、「楽しかったね」という気持ちを共有するためにも、後ろ見返しや裏表紙もゆっくりと味わいたい。裏表紙を見せることも、物語を閉じるためには重要な要素なのである。

絵本を読んだ後で

　子どもから感想が出てきたときは、受け止めて話しをすることも必要であるが、感想はあまり強要せず、静かに余韻を味わったほうが絵本の世界をより深く楽しむことができる。

保育への展開のまとめ

保育のなかで絵本の読み聞かせの機会は多い。日常の保育のなかで、子どものリクエストに応じて読んだり、お帰りの時間にクラスで集まって読み聞かせたり、体を動かすいわゆる「動」の活動の後で、心を落ち着けて静かに楽しんだり、などである。

また、日常の保育だけでなく、行事と関連させて絵本の読み聞かせをすることも有効であろう。たとえば、おいも掘りの行事がある場合に、事前に『さつまのおいも』（童心社、1995年）や『おおきなおおきなおいも』（福音館書店、1972年）などの絵本を読んで、おいも掘りへの興味や期待を高めたり、行ってきた後で読んで、その後の保育の展開に活用することもできる。『きょうのおべんとうなんだろな』（福音館書店、1994年）という絵本から、「ぼくの、わたしの、おべんとう」を製作する活動へと展開することもできる。

また、保育の指導案のなかに組み込まれていなくても、興味のある子どもが手にとることができるように、関連する絵本を絵本コーナーにさりげなくおいておくのもよい。

このように、保育のなかで、読み聞かせをする場面は数限りなくある。しかしながら、入園してすぐの子どもが家庭で慣れ親しんだ絵本を保育者に何度もくり返して読み聞かせをしてもらうことで、園での居場所やあり方を見つけていく場合や、子ども同士が絵本を介してコミュニケーションを深めていくこともある。

絵本の読み聞かせは単に文章や絵を楽しむだけでなく、絵本の世界を読み手である保育者と聞き手である子どもたちが共有し、そこに生まれてくるものを享受していることを忘れてはならない。

おすすめ！ 作品紹介

『ぐりとぐら』 中川李枝子：作／山脇百合子：絵、福音館書店、1967年

おなじみ「ぐりとぐら」シリーズの第1作。「ぐりぐらぐりぐら」という弾むようなリズムに支えられた言葉の楽しさ、ふんわり甘いカステラをつくるわくわくした気持ち、卵の殻が車になってしまう意外なおもしろさなど、絵本の魅力が詰まった1冊である。ふんわりとおいしそうに焼けたカステラの場面が印象的であるが、ぐりとぐらの赤と青の服にカステラの黄色が映え、余白の多い背景がいっそうその色合いの楽しさを引き立たせている。続くカステラを森の動物たちと食べる場面には、いっしょに食べることの喜びがあふれている。

『ぼちぼちいこか』 マイク・セイラー：作／ロバート・グロスマン：絵／今江祥智：訳、偕成社、1980年

何かになりたいかばくんは、一生懸命いろいろな職業にトライする。消防士、バレリーナ、バスの運転手、手品師などなど……。けれども体が大きすぎて、力も強すぎて、どれもうまくいかない。ユーモラスに描かれる失敗の数々と、それにめげないかばくんのあっけらかんとした前向きな姿勢がほのぼのと楽しい。そして、何をやってもうまくいかないときはちょっと一休み。絵本にはめずらしい関西弁の翻訳が、作品の楽しさとかばくんののんびりとした、けれど確かな自己肯定の安心感をいっそう際立たせている。

『ハロウィンナー』 デーヴ・ピルキー：作／金原瑞人：訳、アスラン書房、1998年

オスカーは足がうんと短くて、胴がうんと長い犬。おかげで、友だちからは「ウィンナー」と呼ばれ、からかわれてばかり。ハロウィンの夜、「お菓子をくれなきゃいたずらするぞ！」と家々をまわるオスカーと友だちに起きた出来事とは……。

ユーモアにあふれリズムよく展開する物語が、子どもたちのわくわくを引き出し、結びににっこりできる絵本。絵がお話の楽しさをふくらませてくれ、絵本ならではの魅力も感じさせてくれる1冊。

> **おすすめ！文献**
>
> 『絵本論―瀬田貞二子どもの本評論集―』瀬田貞二、福音館書店、1985年
> 　すぐれた児童文学作家・翻訳家であり、児童文学の研究者でもあった著者の、絵本に関する論考をまとめた評論集。著者によれば、絵本は「子どもが初めて出会う本」であり「いちばん大切な本」だからこそ、「美しい本」でなければならない。「絵本は芸術である」という言葉に象徴されるように、時代を超えて子どもたちに愛されている絵本が多く論じられている。絵本について考える第一歩として、読んでおきたい1冊。
>
> 『松居直のすすめる50の絵本―大人のための絵本入門―』松居直、教文館、2008年
> 　「言(ことば)」は命そのものであり、絵本の読み聞かせは、子どもの心の成長や言葉の豊かさにとって、そして大人にとっても計り知れない意味をもつ。子どもの本の編集者として、わが子とともに絵本を楽しんだ父親として、幸せな絵本体験のために著者が選んだ50冊の絵本が紹介されている。「子どもといっしょに読みたい」と思う絵本ばかりで、すぐれたブックリストとして絵本選びの参考にしたい。また、それぞれの絵本について、その魅力がていねいに解説されているので、絵本について学びを深めたい人にもぜひ読んでほしい。

演習課題 2

- 子どもに読み聞かせをしたい絵本リストをつくってみよう。
- テーマを設定して、絵本を探してみよう。
- それらの絵本を読み聞かせるための、導入から結びまでの流れを考えてみよう。

---

column　ある病院の小児病棟で

　プレイルームに遊びに来られないAちゃんが絵本を読んでほしいという。絵本を何冊か選んでベッドサイドに向かった。
　「あ、この本、保育園にもある！」
　Aちゃんの顔がぱっと輝いた。起き上がることができないので、横になったままだけれど、本当にうれしそうに絵を見つめ、読み聞かせに耳を傾けている。まるで全身で絵本を味わっているかのようだ。
　それはもちろん絵本の魅力によるものが大きいのであろう。しかし、それだけでなく、そのとき、その絵本はAちゃんにとって保育園の楽しい時間の象徴になっていたのではないだろうか。友だちといっしょに読み聞かせをしてもらった、その楽しさも重ねて味わっていたのではないだろうか。
　サン・テグジュペリは『星の王子さま』のなかで「本当に大切なことは、目には見えない」と語っている。絵本の読み聞かせも、目には見えないけれど大切なものを育んでくれるのではないだろうか。Aちゃんが幸せな絵本体験を培ってきたことが感じられ、そんなことを考えたひとときであった。

紙芝居

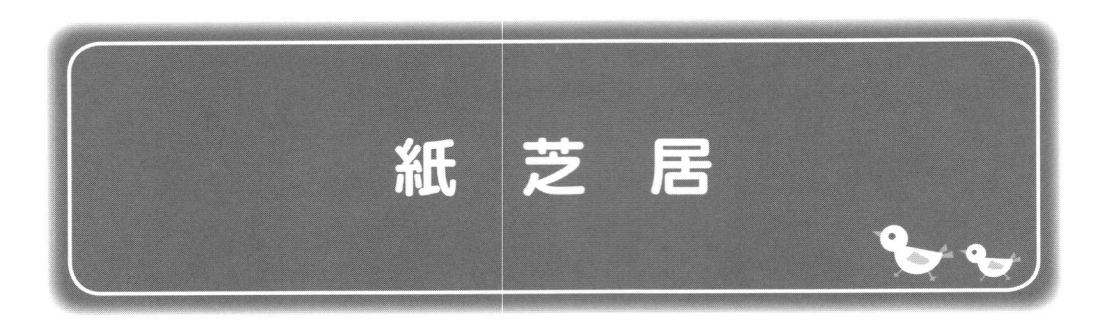

紙芝居とは

　子どものころにみんなで集まって鑑賞した思い出のある紙芝居は、今も幼い子どもたちを魅了してやまない文化財である。「紙芝居」はその訳語がないことからもわかるように、日本特有の文化財である。「紙芝居」とは「紙人形芝居」からきており、もともとは串に刺した紙人形を動かして芝居をして見せるペープサートに近いものであった。

　明治期には「立絵」（p.98、参照）と呼ばれて見世物の一つとして親しまれてきたが、昭和に入るとテンポよく画面が変わる現在の形（紙を引き抜くタイプ）に落ち着いたという。

　紙芝居は最初、街頭で、舞台に集まってきた子どもたちに飴を売って演じられていた。紙芝居そのものも、子どもたちの関心を引き寄せることだけを目的にした娯楽性の高いもので、子どもに悪影響を及ぼしかねない残酷なものやグロテスクなものも多分に含まれていた。このような通俗的な街頭紙芝居に対して、子どもたちの関心の高さを生かして教育的配慮からつくられるようになったのが教育紙芝居であり、今日まで残っているのはこの系統である。

　教育紙芝居は、学校外でも子どもの生活に即した教育を行うべきだとする新しい教育運動を背景として、1930年代半ばから40年代初頭にかけて理論化も行われ、制作や普及も進んだ。子どもの心をとらえた街頭紙芝居の利点を生かしつつ、その中身に関しては子どもの教育・教化をはかるべく配慮されてきたのが教育紙芝居であるが、今日、とくに保育の場で行われる紙芝居は、教化に偏ることなく、絵本や素話とは異なる独特の要素をもって子どもの心に働きかける文化

当時の街頭紙芝居の様子
（『木村伊兵衛の昭和』筑摩書房、1990年）

財となっている。また簡易に手づくりできる点が受け入れられ、日本発の紙芝居がベトナムをはじめとするアジア地域やフランスなどの欧州各国にも受け入れられ、保育のなかで活用されている。

　紙芝居は多くの子どもたちを絵に集中させることができるので、まだ文字に親しんでいない子どもたちを集めて見せるのには適している。また、テレビやビデオのように一方的に画面が流れるのではなく、話の流れや観客である子どもたちとの関係によって、画面をゆっくり抜いたり早く引き抜いたりテンポを加減することも、動かしながら抜いたり止めたりすることもできる工夫しがいのある文化財である。子どもたちの顔を見ながら関心の度合いをはかることもできるし、ときには子どもたちに問いかけて参加してもらうこともできる。また、子どもたちも受像機から画面を受け取るのではなく、くり広げられる画面と読み手の声を通して、慣れ親しんだ保育者や友だちといっしょに話を楽しむことになり、お話を共有するという体験をする。同じ紙芝居でも演じ手や受け手のかかわりによって、さまざまな＜場＞が体験できるのも紙芝居の特色といえるだろう。

　紙芝居は幼い子どもにとってわかりやすいというだけでなく、お話のリズムを共有し、共にお話の世界に入っていき、ときには互いの反応ややりとりによって変化を楽しむこともできる、お話を共有して楽しむ貴重な体験である。そのような体験の場が実際にどのように展開していくのかを見てみよう。

● 紙芝居のしくみ

　絵本は一般的に個人を対象としてつくられているが、紙芝居は集団に見せるようにつくられているので、多くの子どもたちが集い、お話を共有し、共通の体験ができる保育の場に向いている児童文化財である。しかし絵本に比べて、紙芝居を演じた経験が少ない保育者も多い。

　まずは紙芝居のしくみを理解しておこう。

（1）紙芝居のしくみ

　紙芝居は、12枚程度の絵が紙の箱に入っている。作品は箱を開けないと見られないため、箱に作品の一部の絵が貼られ、あらすじが描かれており、作品を選ぶ際の手がかりとなる。

・紙芝居は絵が箱に納められている。
・箱の表に紙芝居の絵やあらすじが書かれているので紙芝居を選ぶ際の手かがりとなる。

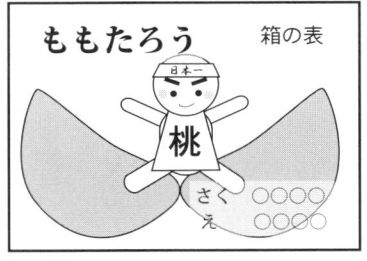

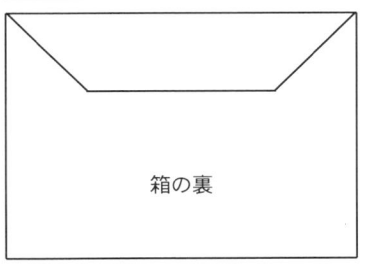

- 紙芝居の箱を開けて、紙芝居を取り出し、場面数と同じ枚数があるか確認する。

- 表には絵が描かれている。
- 絵の左下には番号が書かれている。
- 紙芝居を読む前に番号を参考にして絵を順番に並べる。
- 紙芝居の絵はしばしば順番通り並べられていなかったり、欠けていることも多い。
- 演じている最中に順番が違ったり、絵が欠けていると、子どもたちが物語の世界に集中するのを妨げることになる。

- 裏には、「のぞき窓」（①）と右中央の物語の最初の部分に番号が書かれている。
- 上記の2つの番号は表の絵の番号の次の番号となる。
- 「のぞき窓」には絵が描かれていて、これは子どもたちが見ている紙芝居の絵にあたる。

- 下読みをする際に、絵の表と裏をていねいに確認する。裏には、ストーリーやストーリーの展開の仕方が書かれている。
- 絵の裏には「セリフ」（②）と「ト書き」（③）があり、その他「抜き方のポイント」（④）、「演出のポイント」（⑤）などが書かれている。

　「抜き」についてはストーリーをよく理解し、裏の抜き方を参考にしながら行う。
- 紙芝居は「抜き」の技法で、お話を展開する。
- 右方向（子どもたちから見て左方向）に抜き、最終の絵に重ねる。
- 「はじめ・次の線まで抜く」などの指示もある。
- 手にもつと重いことがわかる。まずは手にもって抜く技法を身につけたい。

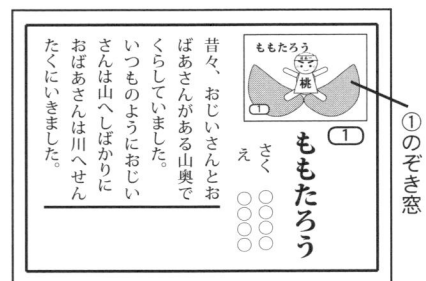

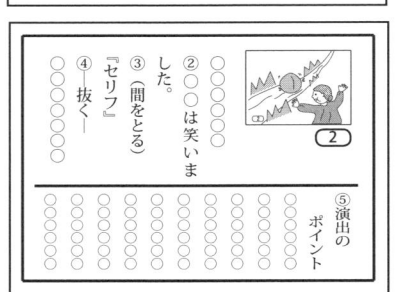

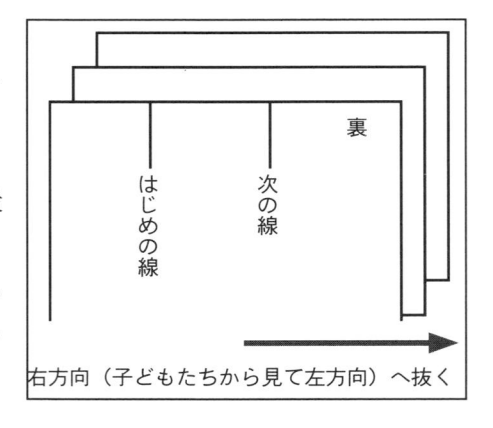

（2）舞台と幕

　本来、紙芝居は芝居であるので、舞台や幕を使って演じられる。また、紙芝居用の舞台を使うと、抜きの効果が出る。

　舞台を使うと、子どもたちが劇空間の世界に集中して入ることができる。

　舞台の幕を使うことで、お話のはじまりとおわりを知らせ、芝居の雰囲気を味わうのに効果的である。

　幕がない場合は紙芝居と同じ大きさの紙を用意し、紙芝居の1枚目の前に入れると幕の代わりになり、芝居の雰囲気を演出できる。

（3）紙芝居舞台の位置

　絵が見えなければ紙芝居を楽しむことはできない。

　紙芝居の舞台は、1番後ろの子どもや端に座る子どもからも見える場所におく。

　舞台の背後はシンプルにして、子どもの集中が途切れないような空間を設定する。

　子どもたちの頭で見えなくならないように、最前列に座る子どもの頭の高さよりも少し高めにおく。舞台と最前列の子どもの間に、1メートル前後の空間をとるとすべての子どもから見やすい。

　演じ手は舞台の右横（子どもたちから見て左）に立ち、子どもと向き合って演じる。子どもの表情や応答がわかり、双方向のやりとりが可能となる。

（4）舞台を使わないで演じる場合

　左手でしっかりと紙芝居の底辺中央をもつ。右手で右側から抜き、裏に収める。

　紙芝居の後ろに隠れてしまうと声が子どもに届かず、子どもの表情も見られないので注意する。

　絵が揺れないように注意しよう。

紙芝居を選ぶ

（1）多くの紙芝居を読み、紙芝居のストーリーに触れる

保育で紙芝居を選ぶときに、紙芝居の箱に書かれた「あらすじ」が参考になる。しかし箱を開けて1枚1枚の絵とストーリーを見比べてみると、あらすじだけではわからなかった作品のおもしろさが伝わってくる。

時間のあるときなどにゆっくりと紙芝居の作品を読み込み、子どもたちにとってどのような作品がよいかを吟味する時間を設けると、紙芝居が子どもたちの世界を広げる豊かな児童文化財となる。

（2）子どもたちが楽しみ、おもしろさを味わえる作品を選ぶ

紙芝居は楽しみの文化財である。まずは子どもたちが紙芝居の世界に夢中になれるような作品を選ぶことを心がけたい。

また低年齢の子どもたちは、保育のなかでくり返し紙芝居が演じられることによって、保育者が1枚ずつ「絵を抜く」と次にまた「絵が現れ」、お話が展開していくことを知る。最初は紙芝居という「もの」に興奮し、立ち上がって舞台に触ろうとしたり、裏をのぞいたりする場合もある。その場合は焦らずに、子どもたちが紙芝居のしくみを理解しつつ、紙芝居を楽しんでいることをゆったりとした気持ちで認めたい。

（3）子どもの発達や生活の興味・関心にそった作品を選ぶ

低年齢の子どもには、筋がシンプルで、わかりやすく、身近な世界を描いた作品を選ぶ。年齢が高くなっても、子どもの興味・関心にそって選ぶことは変わらないが、長編の作品、言葉や語りの魅力がある作品、また子ども自身が劇の世界を楽しみ、自ら劇を演じてみたいという思いがもてるような作品を選ぶ。

（4）子どもの園生活のリズムや流れを考えて作品を選ぶ

子どもの生活のリズムや流れを考えて紙芝居を選ぶことが必要である。紙芝居には季節や行事と連動した作品も多い。また歯磨き、安全な生活を題材にした作品もある。子どもたちの生活の流れを考えて作品を選びたい。

紙芝居を演じる

（1）下読みをする

紙芝居を演じる際には、何よりも下読みが大切である。保育の現場では紙芝居は昼食前や帰りの会の時間に、静かにさせたいという保育者の思いで、保育の流れを切り替えるために用いられる場合が多い。流れを切り替えることが優先し、作品理解が十分に行われ

ず、紙芝居を安易に演じがちである。

　しかし、子どもたちにとっては貴重な物語体験の場であることを考えると、お話の内容が子どもたちの心に届くように伝えていきたい。そのためにも、下読みをして、作品理解を深めておきたい。下読みをする際のポイントは次のようである。

- まずは声を出して読んでみる。
- 登場人物が何人いるのかを確認する。下読みをして登場人物を整理しておかないと、物語が進むにつれて登場人物の誰の声を演じているのかわからなくなり、混乱することも多くなる。
- それぞれの登場人物の個性や特徴を整理しておく。
- 物語の内容にそってゆっくり読み、全体を通してどれくらいの時間がかかるのかをあらかじめ理解しておく。

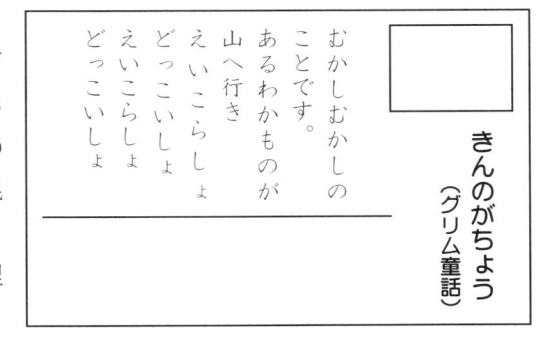

　　（2）登場人物の個性や場面の展開に合わせて声の調子などを考える

　紙芝居を演じる際は極端な声色で演じる必要はないが、それぞれの登場人物の個性や特徴、物語場面の状況に合わせて、「強そうに」「やさしく」「小さな声で」「大あわての様子で」「ゆっくりと」「すまなさそうな感じで」など、声の調子やトーン、強弱などを考える。その際、紙芝居の裏に書かれた「演出のポイント」が参考となる。

　紙芝居には、たとえば「えいこらしょ　どっこいしょ」「わたしもそうしよう」「わたしもそうしよう」「わたしもそうする」などとみんなで声を合わせる言葉も多い。リズミカルにいっしょに声を合わせられるように工夫したい。

　　（3）「抜き」を工夫して、演じてみる

　紙芝居は「抜き」の工夫によって演出の効果があるといわれている。早く抜くことで、スピードが速まり、緊張感やドキドキ感が増す。一方、ゆっくりと抜くことで、時間がゆっくり経過するように感じたり、間をとることで子どもたちの期待感を高めるなどの効果がある。また「抜きながら」お話を進めることで、物語が連続してつながっているように感じさせる効果がある。物語に流れが生まれてくるのは抜きの効果が大きい。

　「抜き」の方法は、紙芝居の裏に「―半分まで抜く―」「―半分まで抜きながら―」「―さっと抜く―」「―はじめの線まで抜く―」「―次の線まで抜く―」などと書かれている。物語がどのように進行するのかを考えて、「抜き」を工夫してみる。

　　（4）子どもの表情や反応を受け止めながら演じる

　子どもたちが集中し、紙芝居の世界にひき込まれ、楽しんでいるかは、子どもたちの表情を見るとよくわかる。最初は余裕がないかもしれないが、少しずつ子どもたちが理解で

きているかどうかを、その表情や反応をよく見て確かめ、受け止めながら、速さを調整していくことが必要である。

　保育で紙芝居を活用する場合、一方的に演じるのではなく、演じ手と観客が一体となり、やりとりやかかわりをもつことを大切にしたい。紙芝居は集団を対象とした児童文化財であり、親しい友だちや先生とくり返し物語を共有する場である。子どもたちの反応を受け止めながら物語を演じていくことで、保育者と子どもの間に一体感が生まれ、共感の体験が可能となる。

● 子どもたちが紙芝居をつくり、演じる

　子どもたちが紙芝居をつくり、演じるためには、まずは子どもたちが自らもやってみたいという思いが育つことが大切である。そのためには紙芝居は楽しい文化財であるという体験を、保育のなかで十分に味わうことが前提となる。

- 何枚かの絵を描きながら、お話づくりを楽しむ。
- 保育者が子どものお話の一部を絵の裏に書きとめておくこともよい。
- おわりの会などで、子どもたちの絵の紹介を行いながら、それぞれの子どもが絵を用いてお話をする機会を普段の保育のなかに設ける。

　普段から紙芝居に親しんでいると、子どもたちは紙芝居をまねて、自然に自らもつくり手・演じ手となる。子どもたちが紙芝居を演じる場合、演じ方そのものに神経質になる必要はない。子どもたちが自分たちでつくったストーリーをまわりの子どもたちに見せたい気持ちをまずは大切にしたい。

　子どもたちが演じる場合は、文章が完成していないことも多い。途中でお話が途切れる場合は、保育者が前に言った子どもの言葉をくり返したり、「そして」「それから」などとやさしく、接続の言葉を補いながら、子どもがお話を最後まで伝え演じられるように支えたい。

　たとえば、4歳児はしばしば保育者が手助けしながら絵とお話を完成させるが、5歳児にもなると、グループやクラスで話し合い、絵とお話の構成を考え、作品を完成し、役割を分担して演じることができるようになる。

　普段の保育のなかで、紙芝居をつくることが好きな子どもたちの作品を発表するなどして、紙芝居づくりや演じる楽しみが伝わることは、その他の子どもたちの動機づけになる。みんなの前で演じる機会を設け、その喜びや楽しさを感じられることを意図して、保育者が保育の計画を立てることも重要である。

| | 紙芝居 | 85 |

紙芝居 実践

はなさかじいさん

日本の昔話

　はなさかじいさんは日本の昔話で、江戸時代以来、赤本などで多くの人々に親しまれてきた。正直で善良な夫婦が、不思議な力をもつ犬（しろ）を大切にかわいがり、宝を得る。それをうらやましいとねたむあくどい隣人に、犬を殺されてしまう。しかし結局、あくどい隣人は宝も得られず、褒美も得られず、悪事が災いして捕えられてしまうという、勧善懲悪がはっきりしたストーリーの話である。

　子どもたちには善悪がはっきりしていて、対比的に描かれているので、シンプルで理解しやすい作品である。紙芝居として演じることで、昔話の構造がより目に見える形でわかりやすく伝わり、小さな子どもたちも、イメージをもって話の世界に入ることができる。

場　　面	セリフ	ポイント
［場面1］	昔々、あるところに、おじいさんとおばあさんがすんでいました。 おじいさんとおばあさんは、しろという名前の犬を1匹かって、とてもかわいがっていました。 ある日、とつぜん、しろがおじいさんとおばあさんを裏の畑へひっぱっていって、 しろ「ここほれ、わんわん」「ここほれ、わんわん」と、ほえました。 おじいさん「よーし、よーし、わかったわかった」 おじいさんは、しろのいうとおり畑をほりはじめると（－抜きながら－） くわに、何かが、あたってぴかっとひかりました。	＊それぞれのクラスで紙芝居のはじまりの合図があると楽しい。たとえば「はじまるよ！はじまるよ！〇〇クラスのかみしばい」など、歌やリズムをつけてはじめるのもよい。 ＊紙芝居に慣れた高学年には、物語の内容を大切にし、自然な形ではじめるのがよい。
［場面2］	おじいさん「なに、なに、これは、これは」と、掘り進めていくと、あらまぁ、お金の大判、小判がざっくざっくと出てきました（少しの間）。 2人が大喜びしている様子を、となりのよくばりじいさんがのぞいていました。 （－抜く－）	＊昔話を読むときはゆっくりとした雰囲気で読む。擬声語・擬態語を生かして宝物がたくさん出てくる様子を表現しよう。

場　面	セリフ	ポイント
[場面3]	よくばりじいさん「しろをかしておくれ」 よくばりじいさんはそういうと、急いで、しろの首になわをつけて、むりやり自分の畑へ連れていきました。 よくばりじいさん「宝物の場所を早くいえ。どこだ、どこだ」 しろの首のなわがしまってしろは苦しくて苦しくてきゃんきゃんとなきました。そしてしろは、思わず畑の土をひっかきました。 （ー抜きながらー） よくばりじいさんが、その場所を掘ってみると。	＊善良なおじいさん・おばあさんとよくばりじいさんを演じ分けてみよう。 ＊しろが「きゃんきゃん」となきながら苦しそうにしている様子を演じてみよう。 ＊よくばりじいさんに、どんな宝物が出てくるのか想像させながら、紙芝居を抜く。
[場面4]	なんと、石ころや、お茶碗のかけらがたくさんたくさん出てきました。 よくばりじいさん「なんじゃ。これは。このまぬけ犬」 よくばりじいさんは、くわで、しろの頭をぽかんと、ぶちました。（ー抜きながらー） かわいそうにしろはぱたんと死んでしまいました。	＊よくばりじいさんが怒ってしろをなぐる雰囲気が伝わるように演じてみよう。
[場面5]	かいぬしのおじいさんとおばあさんは、死んだしろを抱きしめて、おんおん　おんおんと何度も泣きました。そして2人でしろを庭に埋めました。土をかぶせて、お墓をつくり、その上に松の苗木を植えました。 （ー抜きながらー） 翌朝、起きてみると	＊善良なおじいさんとおばあさんがとても悲しみ、しんみりしている様子を伝える。
[場面6]	松の苗木は大きな大きな木になっていました。 おじいさん「たった一晩のうちに、でっかい木になった。死んだしろの木じゃ」 おばあさん「おじいさんこの木で臼と杵をつくってはどうでしょう」 おじいさん「それはよいことじゃ。ぺったん、ぺったんとおもちをついてしろのお墓にそなえてやろう」（ー抜きながらー） ぺったん　とん　ぺったん　ぺったん　ぺったん　とん	＊紙芝居を抜くと一日で大きな木に育っている驚きを表現する。

場　面	セリフ	ポイント
［場面7］	もちをついていると、何と臼から杵から、ぴかぴか光る大判小判がざっくざっくと飛び出してきました。（ちょっとの間） それを見ていたとなりのよくばりじいさんが、 よくばりじいさん「その臼と杵をかしておくれ」 （ーゆっくり抜きながらー） ぺったん　とん　ぺったん　ぺったん　ぺったん　とん よくばりじいさんは、もちをつきはじめました。	＊よくばりじいさんの計算高く、したたかな雰囲気が伝わるように演じる。
［場面8］	ところが　どうでしょう、ついてもついてももちはできません。 臼と杵からは石ころや　お茶碗のかけらが飛び出してきて、 よくばりじいさんの頭や顔に、こつんかつんぽこんとあたりました。 よくばりじいさん「いたい、いたい。いたたっ。いたたっ」 （ーゆっくり抜きながらー） よくばりじいさんは、たいそう怒って、臼と杵をたたきわり、かまどの下に投げ入れて焼いてしまいました。	＊よくばりじいさんの短気で荒々しい様子を表現する。
［場面9］	しろのおじいさんは、すっかり驚いてしまいました。 おじいさん「しろの命の入った大事な臼と杵なのに」 よくばりじいさん「そんなことはしらんわい。そんなに大事なもんなら、かまどの灰でも拾って帰れ」 （ー線まで抜くー） おじいさんは仕方なく、灰をざるに入れてもって帰りました。 そのときです。さらさら、さらさらっと、風がふきました。そして灰がとんで、枯れ木の枝にかかると、（ー残りを抜くー）	＊灰がかかってどうなったか、期待をもたせるように抜く。
［場面10］	あらふしぎ。きれいな花がぱっとさきました。梅も桃も桜の枝にも一度に花がさきました。 おじいさん「なんとふしぎ、ふしぎ。ふしぎな　こっちゃ。どれ、どれ、花をさかせて、おばあさんやみんなに喜んでもらいましょう」 （ー抜きながらー） おじいさん「はなさかじじい、はなさかじじい、枯れ木に花をさかせましょう」	＊少し手の動きを加えて、灰をまく様子を表現する。

場　面	セリフ	ポイント
[場面11]	おじいさん「はなさかじじい、はなさかじじい、枯れ木に花をさかせましょう。枯れ木に花をさかせましょう」 おじいさんは大きな声でうたって灰を振り、ぱっぱと花をさかせました。 ちょうどそのときです。殿様が馬に乗ってとおりかかりました。 殿様「おお、これはみごとだ。すばらしい花見ができる。よいぞ。よいぞ」 殿様はおじいさんをたいそうほめて褒美をたくさん与えました。 （―抜きながら―） またまたこれを見ていたよくばりじいさんは急いでかまどに残った灰を拾い集めて	＊灰をまくときは、歌のようにリズムをつけてセリフを表現する。
[場面12]	よくばりじいさん「はなさかじじい、はなさかじじい、枯れ木に花をさかせましょう。枯れ木に花をさかせましょう」 いじわるそうな声でまねをして、ぱっぱと灰をまきました。 けれども花はまったくさきません。 殿様も家来も、灰だらけになってしまいました。 殿様「ぶれいなやつめ。しばってろうやへ連れていけ」 よくばりじいさんは、しばられて、ろうやへ連れていかれました。	＊よくばりじいさんと善良じいさんの対比を演じ分ける。 ＊最後には、作品の余韻を楽しめるように、ゆっくりとおわる。

（参考）与田準一脚本　岡野和「日本名作おとぎばなし　はなさかじいさん」童心社

保育への展開のまとめ

　　　紙芝居は、集団に見せることを意識してつくられており、演じ手と観客の交流や共通の物語体験を得られる児童文化財である。子どもが物語の内容や作品の特性・魅力を理解できるようにするためには、保育者がよく理解して、下読みをして、演じたい。また紙芝居に対する子どもたちの反応を十分に受け止めながら、相互の応答を大切にしたい。

　紙芝居の題材としての昔話は、言葉のくり返し、リズムなどが含まれており、豊かな言葉の世界にふれる機会となる。そのため一つ一つのセリフや言いまわしをていねいに演じたい。また「はなさかじいさん」のような作品は、昔話の代表的な物語構造をもっている。このようなシンプルな構造の物語を体験することは、子どもたちが自分で物語をつくり、演じるきっかけとなる。観客として物語をくり返し楽しむ体験を通して、今度は子どもたちが作品をつくり演じ手となれるように保育者として援助していきたい。

> **おすすめ！ 作品紹介**
>
> 「おむすびころりん」　高橋五山脚本、鈴木寿雄画、童心社、1997 年
> 　広く知られた昔話。言葉のリズムを生かして演じる作品。
> 「かさじぞう」　松谷みよ子脚本、まつやまふみお画、童心社、1973 年
> 　ゆったりとした時間の流れややさしい気持ちが伝わるように、抜きの効果を利用して演じる作品。
> 「おおきくおおきくおおきくなあれ」　まついのりこ脚本・絵、童心社、1983 年
> 　子どもたちといっしょに考えたり、声を出したりして、演じ手と観客の共感を楽しむ作品。

> **おすすめ！ 文献**
>
> ・石山幸弘『紙芝居文化史』、萌文書林、2008 年
> ・加太こうじ『紙芝居昭和史』岩波現代文庫、2004 年
> ・上地ちづ子『紙芝居の歴史』、日本児童文化史叢書、1997 年
> ・まついのりこ『紙芝居－共感のよろこび』童心社、1998 年

演習課題 3

- 紙芝居の舞台を使って、昔話の作品の一つを実際に演じてみよう。
- 昔話を演じる際のポイントや昔話作品について気づいた点や特徴をまとめてみよう。
- 舞台を使って演じるときと舞台を使わないときの違いを話し合おう。
- 友だちやクラスメイトといっしょに、紙芝居を演じ合い、よかったところ、気をつけるべきところ、工夫すべきところなどを話し合おう。またそれを踏まえて、再度演じてみよう。
- 自分で紙芝居の作品をつくり、それを演じてみよう。

> **column　KAMISHIBAI（紙芝居）— 日本からの発信**
>
> 　現在の平絵型の紙芝居は、1930 年代にはじめられた日本独自の文化財であるといわれている。第二次世界大戦後には、街頭紙芝居が大流行したが、1960 年代以降は、テレビの台頭によって、幼稚園や保育所などの保育の場以外で活用される機会はめっきり減ってしまった。
> 　しかし、今、アジア・ヨーロッパをはじめ、世界各地で KAMISHIBAI に注目が集まっている。手軽で、安価であることが理由の一つであるが、テレビ・インターネットをはじめとするメディアが一方通行のかかわりであるのに対して、紙芝居は演じ手と観客が一体となり、物語の世界に「参加」しつつ双方向のやりとりが行われることが最大の魅力であるといわれる。KAMISHIBAI を通して、集団の一人一人が互いに「共感」「同調」を感じることができるのである。アニメや漫画だけでなく、KAMISHIBAI もまた世界に静かなブームを引き起こしている。

パネルシアター

パネルシアターとは

　パネルシアターとは、フランネルのような毛羽立った白い布や黒い布を貼りつけたパネル板を舞台にして、両面が貼りつく付着性の高い不織布に人物、動物、ものなどを描き、切り抜いて、これらを貼ったりはがしたり、動かしたりする絵人形劇である。お話、歌遊び、ゲームなどと絵人形を組み合わせて行う表現方法であり、紙人形劇の一つでもある。

　パネルシアターの源流は、「フランネルグラフ」である。これは、板にフランネル布を貼り舞台にして、厚紙でつくった人形の裏にフランネル布を貼り、摩擦を利用して舞台に人形を付着させたり、動かしたりしながら演じる人形劇である。しかし、絵が片面しか使えないという弱点があった。フランネル布の代わりにボントンという布を使った「ボントン絵話」と呼ばれる人形劇もあった。

　1973（昭和48）年に古宇田亮順がこれらを改良して、裏表に絵が描け、両面ともパネルに付着する軽くて丈夫な不織布（Pペーパーなど）を使って新しい表現方法を創案したのがパネルシアターである。古宇田はこの不織布を見つけるまでに布地の会社、博物館などを探しまわり、とうとう呉服屋で両面に絵が描け、付着も可能な不織布を発見したということである。そして、この不織布をパネルシアターの頭文字の「P」にちなんで「Pペーパー」と呼ぶことにしたということである。古宇田が使用している不織布は絵が描きやすく、付着力もよく、丈夫であるMBSテック130番、180番である。

　さらに、パネルシアターの人気の秘密は、松谷みよ子と人形劇づくりをしていた画家の松田治仁がパネルシアターのために描いた数々の童画の魅力である。たとえば、「シャボン玉とばせ」、「まんまるさん」、「とんでったバナナ」、「くもの糸」、「一本の鉛筆」などである。そして、古宇田の指導を受け、安部恵、月下和恵、関稚子といったすぐれた作家が誕生し、大学・短期大学などのクラブ活動による巡回公演、幼稚園・保育所・児童館・子育て広場・高齢者施設などで上演された教材として使われたりしたことなどが相まって、全国的に流布していった。現在は海外でも公演されたり、教材として使われたりしている。

　パネルシアターは両面が使えるので瞬間的に場面を転換したり、重ねて貼りつけたり、ポケットや穴を利用したりでき、さまざまなしかけが可能になり、手品のようなおもしろさを表現できるようになった。さらに、ブラックライトと黒いパネルと蛍光塗料を使っ

て、闇夜の世界や幻想的な雰囲気を表現できるようになった。

　パネルシアターの利点としては、簡単に手づくりすることができ、絵人形の操作も簡単で、手品に似たしかけを使って観客をひきつけることができることである。

● パネルシアターの絵人形のつくり方

　パネルシアターで使う基本的な絵人形のつくり方をここで紹介しよう。絵人形をつくるために必要な材料は次のとおりである。

- 下絵（作品集）　　・鉛筆
- はさみ：輪郭を切るための裁ちばさみ、細かい部分を切るための工作用のはさみ
- ポスターカラー：ペン型のポスターカラーが扱いやすい　　　・絵の具
- 接着剤：木工用あるいは布用
- 油性ペン：太さが3種類あると便利（細い、中太、太い）
- 水入れ　　　・絵の具の筆　　　・新聞紙

（1）下絵の準備

　さまざまな型紙がついたパネルシアターの本が出版されているので、これらを参考にしてみる。選択するときは、季節、子どもたちの状況、子どもたちに演じて見せたい作品、自分が演じやすいと感じた作品、自分の好きな絵などから選んでみる。多くの本は実物大の型紙であるが、本によっては拡大コピーしなければならない本もある。あるいは、イラストが得意な場合は自分で絵人形を描いてみるとよい。そのとき、再度下絵を使うかもしれないのでコピーして下絵にすると便利である。

（2）Pペーパーに下絵を写す

　下絵の上にPペーパーを重ね、鉛筆で下絵の線をトレースしていく。Pペーパーをむだにしないように下絵の配置を変えながら写し取る。後で太い油性ペンでアウトラインを描くので絵人形の間は2cm程度あけるようにする。

　切り残しのPペーパーは、後で子どもたちと絵人形を描いたりするので、できるだけ捨てないで再利用する。

（3）彩色する

　一般的にはポスターカラーか水彩絵の具で絵人形を彩色する。アクリル絵の具を使用すると色落ちが少なく長持ちする。筆は柔らかいものより、固めのほうが塗りやすい。筆に多く水を含ませすぎるとにじむので注意が必要である。

（4）アウトラインを入れる

　色を塗った後から油性ペンでアウトラインをはっきりと入れていく。太めの油性ペンで

描くと遠くからもはっきりと絵人形を見ることができる。アウトラインを描いたら、型紙に描かれていた線を参考に太い油性ペン、中くらいの油性ペン、細い油性ペンの3本を使って絵人形に必要な線を入れていく。

（5）切り取る

アウトラインから少し余白を残して絵人形を切り取る。細かいところは余白を多めにとって切り取る。たとえば、手の指、首などである。また、裏に絵を描く場合や2枚を重ね合わせる場合は、裏の絵との兼ね合いを考えて切り取る。

● パネルシアターのしかけについて

（1）裏と表を使う

Pペーパーの両面に絵を描き、表から裏に返して使う。裏返すことで、絵人形の向きが変わったり、さかさまになったり、前向きと後ろ向きになったり、異なる絵になったり、表情を変えたり、大きくなったり小さくなったりと、さまざまな変化を表現できる。

おひさまの裏におつきさまの絵にすれば、時間の経過などの表現にもぴったり。

前向きと後ろ向きも絵人形の動きを表すのに便利！

（2）糸を使う

絵人形の手足を動かすようにするためには、糸で部位を取りつけるとよい。そのために腕や足と胴体を別々につくり、後で重ね合わせてつなげる。

胴体と手足を別々につくる。

太めの木綿糸を二本取りにして、大きめの玉結びをつくってとめる。

同様に玉結びをつくってとめれば、手足の動く絵人形の完成！

（3）重ねて使う

絵人形の一部に小さな絵を重ねる。たとえば、寝ている目の上に起きている目を重ねる、おこっている顔の上に笑っている顔を重ねるなどがある。

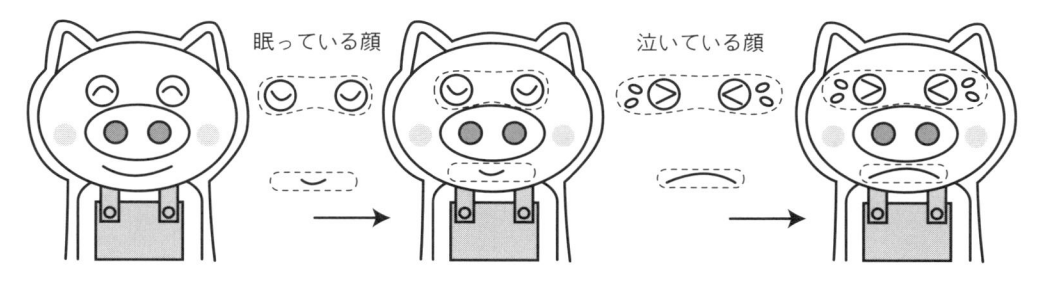

眠っている顔　　泣いている顔

目や口の表情の絵人形をつくり、裏にパネル布を接着剤で貼っておく。
目や口を変えるだけでいろいろな感情を出せる。

（4）ポケットを使う

ポケットのように切り込みを入れ、そのなかに絵人形を隠しておく。たとえば、ポケットのなかにビスケットを隠しておき、歌に合わせて取り出す。

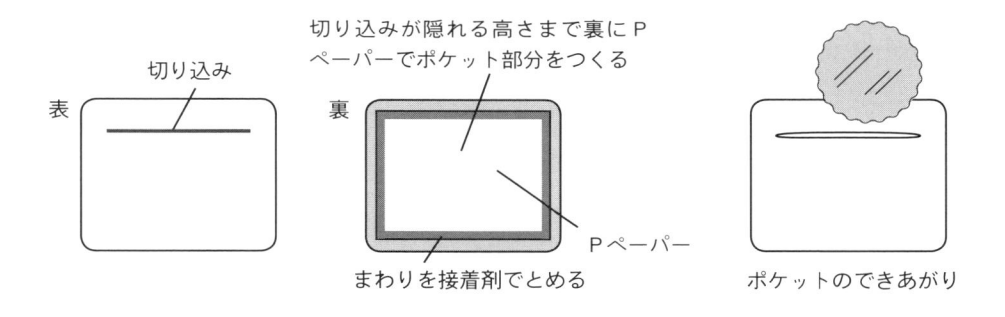

表　切り込み　　裏　切り込みが隠れる高さまで裏にPペーパーでポケット部分をつくる　　Pペーパー　まわりを接着剤でとめる　　ポケットのできあがり

● パネルシアターの舞台について

パネルシアターの舞台は、イーゼルや幼児用の机などを使い、パネル布を貼ってつくるとよい。その際、パネルシアターも舞台劇なので、舞台部分がはっきりとわかるようにパネル布の下は黒い布などを下げ、パネル舞台との区別をつけるとよい。

また、パネル舞台の裏側には絵人形や台本などがおけるスペースとつくっておくようにしよう。

実際にパネルシアターを演じる前には、台本に合わせて、絵人形を登場する順番に並べ、しっかりと確認しておくとよい。

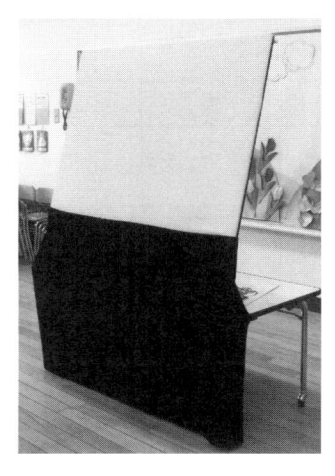

パネルシアター実践 てぶくろ

ウクライナ民話

　保育者の絵本の読み聞かせで『てぶくろ』を何度か経験しているだろう。また、自由な活動としての遊びの時間において、大型積み木と布を使って手袋の家を設定しておくと、子どもたちは登場人物の動物になって、自分たちのごっこ遊びに絵本の読み聞かせから得たアイディアを取り入れて遊んでいる。

準備
- 白いパネル
- パネルをおく台と舞台の裏を隠す黒い布
- 「てぶくろ」に登場する絵人形
- 絵人形を並べておくテーブル
- 使った絵人形を入れる箱
- 絵人形をしまっておく「てぶくろ」と書かれた大きな封筒
- ナレーターのための黒の上下の衣装

場　面	セリフ	ポイント
[場面1]	ナレーター：(おじいさんのように少し腰を曲げ、語りながら手袋を中央に貼る) おじいさんは、犬といっしょに森を歩いているうちに、てぶくろを片方落としてしまいました。(おじいさんと犬をもちながら、小さな手袋をパネルに貼る) (少し間をおいて、手袋をはがす)	＊ナレーターは、それぞれの役の動きをまねて話すとよい。 ＊おじいさんの裏に小さな手袋を隠して、ポトリと落とすようにパネルに貼るようにしよう。
[場面2]	ナレーター：あ、誰か向こうからやってきます。(保育室の後ろのほうを指差す) (大きな手袋を子どもが後ろを見ている間に貼る) ねずみ：まあ、素敵な手袋。(中に入るようにして、ねずみを舞台裏におく) ねずみ：(窓を開けて、そのまま開けておく) ここで暮らすことにするわ。	＊てぶくろに入った振りをして、すばやく舞台裏にねずみを片づけよう。 ＊切り込みを入れ、紙を貼り、ねずみの絵を描いておき、窓を開けると、ねずみの絵が出てくるようにする。窓は開いたまま止まるようにしておこう。
[場面3]	かえる：ぴょん、ぴょん。(入口の前で止まる) 誰、てぶくろに住んでいるのは？ ねずみ：くいしんぼうねずみ。あなたは？ かえる：ぴょんぴょんがえるよ。私も入れて！ ねずみ：どうぞ！ ナレーター：(かえるを中へ入るようにして、舞台裏におき、かえるの窓をあける) ナレーター：ほら、もう2匹になりました。	＊かえるを登場させ、家の入り口まで行くときは、はねるように動かすとよい。 ＊ねずみが中に入るときと同様にすばやく、かえるをすり替えよう。

場　　面	セリフ	ポイント
［場面4］	うさぎ：ぴょん、ぴょん、ぴょん。誰、手袋に住んでいるのは？ ねずみ：くいしんぼうねずみと、ぴょんぴょんがえる。あなたは？ うさぎ：はやあしうさぎさ。ぼくも入れて！ ねずみ：どうぞ！ ナレーター：（うさぎを中へ入るようにして、舞台裏におき、うさぎの窓をあける） ナレーター：ほら、もう3匹になりました。	＊うさぎを胸の前にもち、いっしょに跳ねるとよい。 ＊「入れて！」はお願いするように、「どうぞ！」は受け入れる気持ちを込めて言ってみよう。これらのセリフは、くり返し出てくるので、それぞれどのように表現したらよいか考えて、表現しよう。
［場面5］	きつね：コン、コン、コン。誰、手袋に住んでいるのは？ ねずみ：くいしんぼうねずみと、ぴょんぴょんがえると、はやあしうさぎ。あなたは？ きつね：おしゃれぎつねよ。私も入れて！ ねずみ：どうぞ！ ナレーター：（きつねを中へ入るようにして、舞台裏におき、きつねの窓をあける） ナレーター：ほら、もう4匹になりました。	＊少し気取ったような雰囲気を出すとよい。
［場面6］	おおかみ：（遠吠えのように）うぉー！誰だ、手袋に住んでいるのは？ ねずみ：くいしんぼうねずみと、ぴょんぴょんがえると、はやあしうさぎと、おしゃれぎつね。あなたは？ おおかみ：はいいろおおかみだ。おれも入れてくれ。 ねずみ：どうぞ。 ナレーター：もうこれで5匹になりました。	＊「入れて！」という動物に合わせて、「どうぞ！」の言い方を工夫してみよう。てぶくろに入るときに、だんだん窮屈になっていく様子を表現してみよう。たとえば、徐々に入るのをむずかしくしていくなど。
［場面7］	いのしし：ふるん、ふるん、ふるん。誰だね、手袋に住んでいるのは？ ねずみ：くいしんぼうねずみと、ぴょんぴょんがえると、はやあしうさぎと、おしゃれぎつねと、はいいろおおかみ。あなたは？ いのしし：きばもちいししだよ。私も入れてくれ。 ねずみ：どうぞ。 ナレーター：もうこれで6匹になりました。	＊吠え声に合わせて、いのししの口を上下に動かすとよい。 ＊早口言葉のようにするとよい。
［場面8］	くま：のっし、のっし、のっし。誰だ、手袋に住んでいるのは？ ねずみ：くいしんぼうねずみと、ぴょんぴょんがえると、はやあしうさぎと、おしゃれぎつねと、はいいろおおかみ、きばもちいしし。あなたは？ くま：のっそりぐまだ。わしも入れてくれ。 ねずみ：満員です。 くま：どうしても入るよ。ねずみ：どうぞ。 ナレーター：これで7匹になりました。手袋は今にもさけそうです。	＊保育者もいっしょにくまのようにゆっくり歩くようにするとよい。 ＊だんだん早くなるように、一気にセリフを言えるように練習しよう。

場面	セリフ	ポイント
[場面9]	犬：わん、わん、わん！　わん、わん、わん！　わん、わん、わん！ （左右、前後、子どもの近くなど、せわしなく動かす） （犬を動かしながら、手袋の窓をすべて閉める）	＊犬は、何かを探しているようにあちこちに動かすようにしましょう。 ＊見ている子どもたちのところへいって、鼻でかいでみるのもよい。
[場面10]	犬：（手袋の前で）わん、わん、わん、わん、わん！ （犬を貼る） ナレーター：動物たちは、びっくりして、森のあちこちに逃げていきました。 （大きな手袋と最初の小さな手袋を素早く交換する）	＊思い切って大きな声で吠え声をいおう。
[場面11]	おじいさん：おお、こんなところに落ていたのか。（犬をなでながら）よくやった、よくやった。（手袋を拾う） （おじいさんと犬を舞台裏に片づける） ナレーター：おじいさんと犬は、急いで家に帰ってきました。おしまい。	＊おじいさんから、ナレーターに素早く変身するようにしよう。

保育への展開のまとめ

子どもたちが登場人物の動物になってパネルシアターを演じてみる。保育者はナレーターになりながら、子どもたちを導いたり、質問したり、助言したり、進行したりする。

子どもが演じたい動物を絵人形にして、子どもたちが実際に演じてみる。そのときにどんな動物なのかを問いかけてみる。たとえば、「きりんです」と子どもが言ったら、「どんなきりんですか？」、「きりんの何か好きですか？」、「首の長いきりんですか、短いきりんですか？」などと聞いてみるとよい。

保育者はナレーターになったり、おじいさんになったり、ねずみになったりするので、それぞれの特徴をとらえるようにして、違いを出すようにする。

パネルシアターは絵人形をスムーズに登場させることが重要なので、舞台裏に机を用意して、順番に並べておく。使った絵人形を入れる箱を用意しておく。

保育者がパネルシアターを演じているとき、つまったりすると、子どもたちがお話の世界から現実の世界に引き戻されてしまうので、何度か練習を重ねて、セリフを覚えることが大切である。保育者も子どもたちといっしょに想像世界を楽しもう。

子どもたちの自由な活動としての遊びと保育者が演じるパネルシアターにつながりがあ

り、さらにパネルシアターの上演が子どもたちの遊びにあらたなアイディアや展開を示唆したり、提供したりするように考えよう。

　絵本『てぶくろ』の読み聞かせ→パネルシアター「てぶくろ」の上演→「てぶくろ」のアイディアを使った劇遊びなど、さまざまな児童文化財を組み合わせたりして、子どもたちの経験が豊かになるようにしよう。そして、これらの経験を通して、子どもたちの自由な活動としての遊びが豊かになっていくようにしよう。

おすすめ！ 作品紹介

「どんぐりころころ」　構成：古宇田亮順／絵：松田治仁（古宇田亮順・中島宏『パネルシアターピクニック』大東出版社、1992年）
　子どもたちもよく知っている童謡で、どんぐりの表情を表裏で表現することができる。

「大きなたまご」
　さまざまな卵が割れて、中からいろいろな生き物を出すことができる。

「不思議なポケット」
　大きなポケットから糸を使って手品のようにビスケットを出していくことができる。

「コブタヌキツネコ」
　リズミカルに4つの動物を出したり、動かしたりできる。

「なぞなぞ」
　問いを表に、答えを裏に描き、言葉といっしょに絵も子どもたちに見せることができる。

「とんでったバナナ」　構成：古宇田亮順／絵：松田治仁（古宇田亮順『パネルシアターを作る3』東洋文化出版、1982年）
　パネルシアターの古典的名作である。

「カレーライス」　構成／絵：月下和恵（月下和恵『てづくりのパネルシアター1』東洋文化出版、1987年）
　パネルシアターの手品的要素を効果的に使った作品である。鍋のふたにしかけをして、開けるとカレーができている、という表現をすることができる。

「犬のおまわりさん」
　紙人形の裏表を使って登場人物の表情の変化を効果的に表現することができる。

「シャボン玉とばせ」　作：古宇田亮順／絵：松田治仁（古宇田亮順著『パネルシアターを作る1』東洋文化出版、1980年）
　さまざまな動物とそれにあったシャボン玉を表現することができる。

「パンダうさぎコアラ」　構成：藤田佳子／絵：吉野真由美（古宇田亮順監・TEP『ワンツーステップ パネルシアター』大東出版社、2008年）
　歌に合わせて、3匹の動物をさまざまに動かすことができる。

おすすめ！ 文献

安部恵『みんなのパネルシアター』アド・グリーン企画出版、2007年
安部恵『かんたんパネルシアター』チャイルド社、1996年
古宇田亮順編『実習に役立つ　パネルシアターハンドブック』萌文書林、2009年
古宇田亮順『パネルシアターを作る』東洋文化社、1990年
古宇田亮順・月下和恵共著『ブラックパネルシアター』アイ企画、1995年
小林雅代『保育に生かす　パネルシアター』生活ジャーナル、1997年
久富陽子編『実習に行くまえに知っておきたい保育実技』萌文書林、2002年

演習課題 4

- パネルシアターの古典的名作の1つを実際につくって演じてみて、特徴を考えてみよう。
- パネルシアターのしかけを上げて、その特徴をまとめてみよう。
- パネルシアターに適した歌を探して、実際につくって、演じてみよう。
- パネルシアターに適した昔話を探して、実際につくって、演じてみよう。
- 友だちとパネルシアターを見せ合って、よいところ、修正したほうがよいところなどを話し合い、修正し、再度見せ合ってみよう。

ペープサート

● ペープサートとは

　ペープサートは、ペーパー・パペット・シアター（Paper Puppet Theater、紙人形劇）という言葉がつまって「ペープサート」といわれるようになったということが定説である。ペープサートの源流は、立絵紙芝居といわれる明治期から大正期まで街頭で演じられた紙に絵を描き棒に刺した紙人形劇である。立絵は、平絵紙芝居が出現すると急速に衰えていった。

　1947（昭和22）年ごろ、永柴孝堂が立絵を「ペープサート」という名称に変え、改良を重ね、保育現場で活用して以来、児童文化財の一つとして普及していった、といわれている。また、京都の東山区の知恩院にある華頂会館を本拠地に活動していた「児童芸術研究所」が、作者不明の「日天さん・月天さん」（『久留島武彦童話より』昭和22年）というペープサートの脚本を所有し、ペープサートのつくり方と演じ方が記載されていた。それには、従来の立絵と区別するために、ペープサートと呼ぶこと、紙人形劇であるけれども表裏の極端な変化を楽しむものであること、人物の周囲と背景を黒くすることなどの特徴が示されていた。

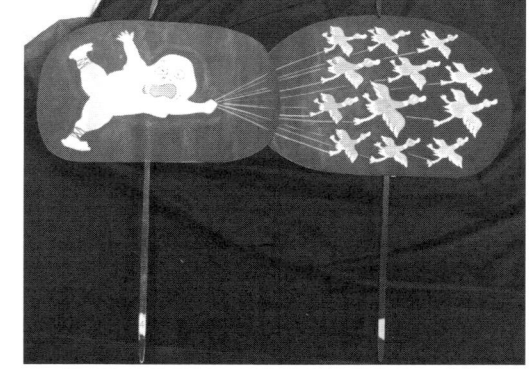

立絵を再現したもの：描かれた人形の余白は黒く、背景も黒い。（「人形劇団 ひとみ座」提供）

　初期のペープサートは、真ん中に棒を挟み込みＡ５判またはＢ５判の画用紙を２枚貼り合わせ、表と裏に登場人物を描き、余白を黒く塗り、セリフといっしょに動かして演じる

人形劇の一つの様式であった。現在は、棒に紙を貼りつけて動かす紙人形劇を総称してペープサートと呼んでいる。

　日本でも、ペープサートは身のまわりにある割り箸と紙などで手軽に製作できることから、子どもたちがつくって、遊んで、上演する教材として広く保育現場で活用されている。

　ペープサートの特徴は次の3つである。第1に、簡単に製作できることである。子どもでも大人でも、紙に絵を描き、切り抜いて、棒に取りつければペープサートの絵人形になる。第2に、棒を動かすだけなので操作が簡単である。ペープサートの棒を上下左右に動かすだけなので、子どもでも簡単に操作することができる。第3に、表と裏の変化を楽しめることである。表と裏で、向きを変えたり、表情を変えたり、大きくなったり小さくなったり、別の登場人物に化けたりなど変化させることができる。

　ペープサートの種類としては、次の4つがある。第1に、脚本のない即興的で、筋はなく、裏と表の変化を楽しむペープサートである。第2に、お話ペープサートで、物語をペープサートのために脚本化したものである。第3に、歌のペープサートである。歌に登場する人物や動物を絵人形にして、歌に合わせて動かすペープサートである。子どもたちが歌の歌詞を覚えるきっかけやヒントとして使うこともできる。第4に、なぞなぞペープサートである。これは、裏に答えを描いておくので、答えを口だけでなく、絵で示すことができる。あるいは、表にヒントのような絵を描くこともできる。ペープサートの特徴である表と裏の変化を効果的に使える。

ペープサートのつくり方

　保育現場などでもっとも一般的につくられてるペープサートのつくり方を紹介しよう。
　図のように紙を2枚用意する。表と裏に変化のあるイラストを描く。間に割り箸などの棒を挟み、イラストの輪郭線を切り取れば簡単につくることができる。

　図のように表は笑った顔、裏は泣いた顔を描けば、ひっくり返すと表情が変化する紙人形ができる。向きを変えたり、大きさを変えたり、お話などによって工夫するとよい。

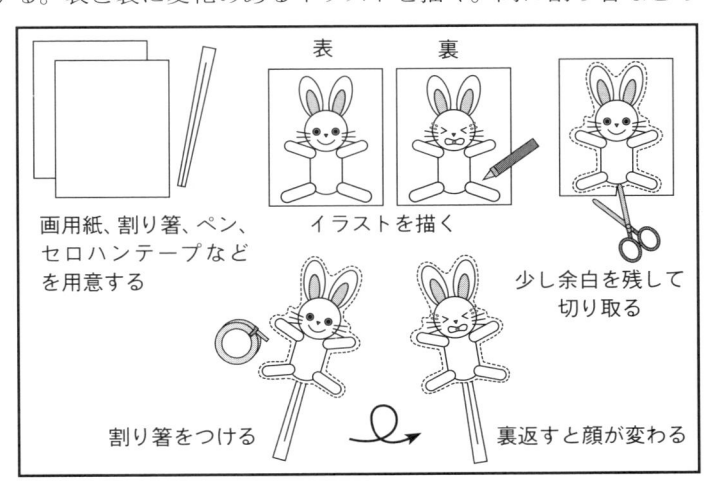

さまざまなペープサート

　欧米では、一般的に紙などに棒を取りつけた人形は、「スティック・パペット」と呼ばれ、広く教材として使用されている。スティック・パペットの場合は、紙だけに限らず、立体的なものを棒に取りつけたパペットも含んでいる。たとえば、じゃがいもに棒を刺したもの、スポンジに棒を刺しこんだものなどである。

スポンジ　　箱　　じゃがいも　　みかん

---

column　ペープサートとスティック・パペット

　ペープサートの語源は、「ペーパー・パペット・シアター」と一般的にいわれている。したがって、観客に見せる活動としてのシアター（演劇）となっているので、紙に棒をつけたもので人形劇を見せるというイメージが強い傾向がある。スティック・パペットという呼び名を使うことにより、棒に何でもいいから取りつけて操作してみて遊んでみるようなドラマ活動になる。つまり、パペットを動かして即興的に動かしてみるというプロセスを重視した活動になる。
　ペープサートという紙人形劇を観客に見せるという活動を子どもたちとする前に、子どもたちがスティック・パペットで十分に遊んだり、観客を集めてきてチケットを配ってもぎったり、椅子に座らせたりする劇場ごっこをしたり、保育者の演じる人形劇を見たりする経験をすることが重要である。このようなドラマ活動やごっこ遊びをしているうちに、子どもたちはさまざまな経験をしたり、さまざまなパペットの操作の仕方を自然に見につけたり、他者といっしょに演じる呼吸がわかったりする。子どもたちのなかから、子どもたちの観客に見せたいという欲求と、子どもたちが観客とコミュニケーションできるようになってきている、という両者のころ合いを見ながら、ペープサートを上演する機会をつくっていくとよいだろう。

ペープサート実践

日天さん 月天さん

原作：永柴孝堂

　ここでは、ホールで保育者たちが演じるペープサートの実践例を紹介する。「日天さん　月天さん」（原作：永柴孝堂）をもとにしたペープサート脚本は、ペープサートのはじまった初期の名作の一つである。このお話は、呪文があったり、変身があったり、ユーモアがあったりして、とても楽しいので、子どもたちが楽しみながら見ることができるペープサートである。数名の保育者たちが少しリハーサルをして、お誕生会やお楽しみ会に上演するのに適している。同時に、ペープサートという児童文化財に子どもたちが触れるよい機会にもなる。

　子どもたちはこの作品の呪文を覚えて、自由な活動としての遊びに取り入れたり、変身ごっこをして遊んだりするきっかけになる。

準備
- 登場人物のペープサート：うさぎ、点々うさぎ、たぬき、逆さたぬき、ぶた、下半身ぶた、魔法使いのおばあさん、鬼（普通の鬼、大きい鬼、特大鬼）　・背景：木々　・セット：道しるべ
- 黒い布が下がっている舞台、後ろの壁も黒い布を下げる　・黒子のような黒い上下の衣装

場面	セリフ	ポイント
[場面1]	うさぎ：ぶたちゃんとたぬきちゃん、遅いなー。 たぬき：ごめん、ごめん、遅くなって。 うさぎ：来ないかと思って、心配しちゃった。 たぬき：ごめんね。あれ、ぶたちゃんは？ うさぎ：それが、まだなの。 たぬき：どうしたんだろうね。 うさぎ：忘れたのかしら。 たぬき：そんなことないよ。ぶたちゃんが、となり村のお祭りに行こうって誘ったんだから。 うさぎ：そうね。もうちょっと、待ちましょう。 （うさぎとたぬきが話しているところにぶたが、大急ぎで走り込んでくる）	＊保育者4～5名でリハーサルをした上で、子どもたちに見せるようにしよう。できればセリフを暗記しておくとよい。誰が話しているかわかるようにセリフを言っているペープサートを動かそう。
[場面2]	うさぎ：あれ、あっちから来るのぶたちゃんかしら？ たぬき：本当だ、ぶたちゃんだ。何かあわてているようだけど、どうしたのかな？（間をおく） （ぶた、舞台下手＜舞台に向かって左＞から登場） ぶた：大変だ～！　大変だー！ うさぎ：どうしたの？ ぶた：た、た、大変なんだ！ たぬき：大変なのはわかったけど、何か大変なの？ ぶた：となりの村の途中のおとぎ峠に怖い鬼が出るんだって！ うさぎ・たぬき：えー、鬼〜……本当？　どうしましょう……、こわいよ……。 ぶた：となりの村のお祭りに行きたいけど、鬼が出るんじゃ。	＊下手（舞台向かって左手）、上手（舞台向かって右手）を覚えておこう。 ＊登場人物の気持ちを想像して、演じてみよう。 ＊大げさかなと思うくらい、思い切ってセリフを言ってみよう。

場　面	セリフ	ポイント
	たぬき：でも、行きたいよね。 ぶた：何か、名案ある？（間をおく） うさぎ：あ、そうだ！　森の魔法使いのお婆さんのところへ行って、相談してみない？ たぬき：そうだ、お婆さんなら、きっと助けてくれるよ。 全員：そうしよう。そうしよう。 うさぎ：みんなで森のお婆さんのところへ行きましょう。 （全員、上手＜舞台向かって右手＞に退場）	＊間の取り方を考えて、何回かリハーサルをして、子どもたちに見せよう。
［場面3］	（下手より3人が登場する） うさぎ・たぬき・ぶた：ごめんください。お婆さんいますか？ お婆さん：はい、はい、どなたですか？ うさぎ・たぬき・ぶた：こんにちは！ お婆さん：こんにちは。うさぎちゃん、たぬきちゃん、ぶたちゃん、きょうは、どうしたの？ うさぎ：きょう、となりの村でお祭りがあるでしょ。 お婆さん：そうそう、さぞかしにぎやかでしょうね。 たぬき：でも、おとぎ峠に鬼がいて、ぼくたち行くことができないんです。 お婆さん：それは、困ったね。（間をあける）そうだ、「魔法のおまじない」がいい！ うさぎ・たぬき・ぶた：「魔法のおまじない」？ お婆さん：姿が、見えなくなる「魔法のおまじない」だよ。 ぶた：それって、むずかしいの？ お婆さん：とっても簡単だから、すぐに覚えられるよ。 うさぎ：お婆さん、ぜひ、教えてください。	＊場面、場面の状況を想像して、セリフを言ってみよう。
［場面4］	お婆さん：いいかい、自分が姿を消したいときに、「日天さん、月天さん」と大きな声で言うだけだよ。 うさぎ：それだけ？ お婆さん：それだけ！　うさぎちゃん、やってみるかい？ うさぎ：はい、「日天さん、月天さん」！（舞台の下に下げる） うさぎ：本当、私、消えたわ！ たぬき・ぶた：すごーい、うさぎちゃん、全然見えない！ お婆さん：たぬきちゃんもやってごらん。 たぬき：はい、「日天さん、月天さん」！（舞台の下に下げる） たぬき：消えた！　すごーい！ お婆さん：今度は、ぶたちゃんの番ですよ。 ぶた：は、はい、「日天さん、月天さん」（舞台の下に下げる） ぶた：わーい、消えちゃった！	＊ぱっと、消えるようにペープサートを舞台の下に下げるタイミングをとれるようにリハーサルしておこう。
［場面5］	うさぎ：でも、お婆さん、私たち、ずーっと消えたままなの？（舞台裏から） お婆さん：そうそう、元に戻る、おまじないを教えてあげなくてはね。そうしないと、8年間は消えたままになってしまうからね。 うさぎ：8年も消えたまま！ たぬき：それは、やだー！ ぶた：お婆さん、戻り方を教えてください。お願いします。 お婆さん：はい、はい。出てくるときは、「おとぎ峠に星が出た！」と大きな声で言うの。うさぎさんからやってごらん。	＊登場人物の特徴を想像して、どのようにセリフを言うか工夫してみよう。

場　　面	セリフ	ポイント
[場面6]	うさぎ：おとぎ峠に星が出た！（うさぎが現れる） お婆さん：はい、うさぎちゃん、よくできました。次はたぬきちゃんの番ですよ。 たぬき：おとぎ峠に星が出た！（たぬきが現れる） お婆さん：上手、上手。では、ぶたちゃんね。 ぶた：えーと、えーと……おとぎ峠だっけ？ うさぎ：おとぎ峠に星が出た！　だよ。 ぶた：おとぎ峠に星が出た！（ぶたが現れる） お婆さん：みんな、よくできました。 うさぎ：これで、鬼が出ても怖くない。 たぬき：となり村のお祭りに行けるね。 ぶた：お婆さん、ありがとう。 うさぎ・たぬき：ありがとう。 お婆さん：行ってらっしゃい。私も後から行くからね。 うさぎ・たぬき・ぶた：向こうで、待ってるね。お婆さん、本当にありがとう。（3人が上手に消える） お婆さん：よかった、よかった。さて、私も、支度をしようかね。（上手に消える）	＊おまじないなどをいう場合は、セリフと少し違えて、呪文をとなえるように言ってみよう。
[場面7]	（大きな木の後ろに鬼が隠れていてそこから登場する） 鬼：うぉー！　おとぎ峠に住んでいる、怖ーい鬼だぞ！今日は、向こうの村でお祭りがあるから、子どもたちがたくさん、ここを通るはずだ。いつものように、脅かして、泣かしてやろう。（隠れようとするが戻ってきて） 鬼：おれは、魔法が使えるんだ。見せてやるからな。 「どろどろ、もくもく、どろどろ、もくもく、とりゃー！」 （中くらいの鬼が消え、大きな鬼が登場する） 鬼：（観客に向かって）どうだ、おれ様の力を見たか！すごいだろう!!!（間をおく） 鬼：あ、向こうから子どもたちがやってくる。元に戻らなくちゃ。「そうたら、そうたら、みーず、みず！」 （鬼、元の大きさに戻る） 鬼：あの木のかげに隠れなくては…… （木の後ろにまわり込み、消える）	＊それぞれの登場人物の人物づくりを保育者同士で話し合いながらつくっていこう。
[場面8]	うさぎ：（下手から）よいしょ、よいしょ……フー疲れた。（おとぎ峠の立て札を見ながら）ここが、おとぎ峠か……。鬼が出るって言ってたけど……。 （どろどろ……という効果音） 鬼：そこにいるのは誰だ！　鬼だぞ！　食べてやる！ うさぎ：わー、こ、怖いよー！　魔法のおまじないは何だっ？……「に、に、日天さん、が、が、月天さん！」 （うさぎが消えて、点々状になったうさぎが鬼の前を通りすぎていく） 鬼：な、何だ、この点々は？　気味悪いな。あっちへ行け。 （うさぎ、舞台上手にゆっくり移動する） 鬼：向こうへ行ったようだな。よかった……お、向こうから、うまそうなたぬきがくるぞ。（鬼が隠れる） うさぎ：（舞台上手）「おとぎ峠に星が出た！」 （うさぎに戻る） うさぎ：よかった。うまく、通り抜けられた。たぬきちゃん、大丈夫かな。あっちで、様子を見ていよう。（上手に消える）	＊登場人物の性格などについても想像して、場面、場面で、どのように反応するかを工夫して、自分なりの登場人物をつくりだそう。 ＊ペープサートは裏と表が変化するところが特徴なので、タイミングを練習しておこう。 ＊びっくりしたときは、大きくペープサートを動かそう。

場　面	セリフ	ポイント
[場面9] 	たぬき：よいしょ、よいしょ、フー！　やっと、おとぎ峠にたどり着いた。このあたりだよね、鬼が出るというのは……。 鬼：「どろどろ、もくもく、どろどろ、もくもく、とりゃー！」（大きな鬼になる）うぉー！ たぬき：ヒェー！　こわいよー！　助けてー！ 鬼：食べちゃうぞー！ たぬき：えーと、えーと……月天さん、日天さん！（逆さのたぬきの絵になり、大きく頭で跳びながら鬼の前を通りすぎ、上手に消える） 鬼：なんだ、これは…… （たぬきと気づき、あわてて追いかける） 鬼：待てー！（たぬきを追いかけるが間に合わない） 鬼：しまった、また取り逃がしてしまった。あっちから、おいしそうなぶたがやってくるぞ。このままでは大きすぎる、元に戻らなければ……「そうたら、そうたら、みーず、みず！」（鬼、元の大きさに戻る） 鬼：急いで、隠れなければ。（木の陰にまわり込んで隠れる） たぬき：（上手から登場）よかった！　とおり抜けられて、でも、元に戻らなくては……「おとぎ峠に星が出た！」。（普通のたぬきに戻る）あ、よかった。ぶたちゃん、大丈夫かな。あっちで、様子を見よう。（舞台上手に消える）	＊喜ぶとき、驚くとき、怖がるときなど、さまざまな場面について、想像して、登場人物のセリフをリハーサルで言ってみて、ぴったりする表現を探してみよう。
[場面10] 	鬼：（ちょっと木陰から顔を出しながら）お、ぶたがきた、きた。今度は、はじめから大きくなって脅かしてやろう。（小さな声で）「どろどろ、もくもく、どろどろ、もくもく、とりゃー！」（大きな鬼になる）よし、よし、これで、ぶたを思いっきり脅かしてやろう。（木陰に再び隠れる） ぶた：よいしょ、よいしょ、ブヒ、ブヒ、アー疲れた……ここが、おとぎ峠だよね。ということは、鬼がいるってこと？ 鬼：その通りだ！　ガォー！！！　食べちゃうぞー！ ぶた：ひえー！　助けて！　何だっけ……えーと、えーと「日天さん、日天さん！　日天さん、日天さん」（ぶたが下半分になり、鬼の前を通って、上手で止まる） 鬼：何だこれは？（鬼あっけにとられる）あれー？ ぶた：逃げろ！ 鬼：（はっと気がつき）待てー！（鬼、追いかける） ぶた：（鬼が消えたら、登場する）やったー！　元に戻らなくちゃ。「おとぎ峠に星が出た！」 うさぎ：（上手から登場する）ぶたちゃん、よかったね。3人ともおとぎ峠を通り抜けられてよかった。 たぬき：遠くにお婆さんが来るのが見えるから、みんなで隠れて見ていよう。（うさぎ、たぬき、ぶたが上手に消える）	＊どのセリフが、キーとなるセリフなのかを考えて表現してみよう。
[場面11] 	鬼：また、取り逃がしてしまった。あいつら魔法使いのお婆さんに何かおまじないを教えてもらったに違いない。お、飛んで火にいる夏の虫！あっちから魔法使いのお婆さんがやってくる。今度こそつかまえて、とっちめてやるぞ！まずは、元に戻って、隠れなければ。（少し間をおく） 鬼：「そうたら、そうたら、みーず、みず！」よし、また、木の陰に隠れよう。（木にまわり込んで隠れる） お婆さん：どっこいしょ！　やっと、おとぎ峠についたわい。 鬼：ガォー！ お婆さん：（まったく驚かず）あれ、まあ、鬼さんじゃな	＊セリフと動きが一致するようにタイミングをとるようにしよう。

場　面	セリフ	ポイント
	いですか。こんにちは！ 鬼:（つられて言ってしまうように）こ、こ、こんにちは‥‥‥（正気に戻り）何がこんにちはだ。やい、婆さん、うさぎとたぬきとぶたに、変なおまじないを教えただろう？ お婆さん:変なおまじない？　ああ、「魔法のおまじない」のことかい？ 鬼:それだ！　あいつらが、むにゃ、むにゃ、言うと変な恰好になったぞ！　おれ様も魔法を使えるが、見たことない魔法だった。 お婆さん:おや、鬼さんも魔法を使えるのかい？　見せてくれますか？ 鬼:見せたら、「魔法のまじない」を教えてくれるか？ お婆さん:もちろんですとも。	＊鬼は最初お婆さんをおどすようにセリフを表現しよう。
［場面12］	鬼:よし、見せてやる。よく見とけよ！ お婆さん:はい、はい。 鬼:「どろどろ、もくもく、どろどろ、もくもく、とりゃー！」（鬼が大きくなる） お婆さん:ほー、すごいねー！（わざとらしく言う） 鬼:さあ、約束の「魔法のまじない」を教えろ！ お婆さん:その前に元の大きさになってもらえるかい。 鬼:もちろんだとも。「そうたら、そうたら、みーず、みず！」（鬼が元の大きさに戻る）	＊鬼の魔法のセリフは、少し大げさに表現しよう。
［場面13］	お婆さん:すごいねー！（さも、感心したように） 鬼:すごいだろう。さあ、「魔法のまじない」を教えろ！ お婆さん:はい、はい、簡単ですよ。「日天さん、月天さん」と大きな声で言えばいいんです。 鬼:わかった。「日天さん、月天さん」（大きな声で言うと、鬼が消える、黒いペープサートになる） お婆さん:うまい、うまい！ 鬼:おー、消えた、消えた。まったく見えない。 お婆さん:はい、とてもよくできました。では、さようなら。 鬼:婆さん、ちょっと待て。どうやって元に戻るんだ？ お婆さん:お前のような悪い鬼は、消えたままでいるのがちょうどいいよ。 鬼:えー！　そんなー！お願いだから、教えてください。 お婆さん:だめだね。8年間、反省おし。 鬼:えーん、えーん、8年も消えたままなんて嫌だー！お願いです、教えてください。 お婆さん:泣いたってだめだね。今までの報いです。 鬼:えーん、えーん……（上手に消える）	＊鬼が消えるときは、パッとペープサートを操作して舞台に隠そう。 ＊鬼の感情の変化を明確に表現してみよう。
［場面14］	うさぎ:お婆さん、ありがとう。 たぬき:お婆さん、すごいね。 ぶた:これで、これからは安心して、おとぎ峠を通れるね。 お婆さん、本当にありがとう。 お婆さん:さあ、さあ、みんなでお祭りに行きましょ。 うさぎ・たぬき・ぶた:そうしよう。 （4人で上手に消える）	＊うれしい気分を想像しながらセリフを言ってみよう。

保育への展開のまとめ

　保育者がペープサートを上演した後に、保育室の一角にペープサート劇場を設定して、上演に使ったペープサート、セットなどを設定しておくと、子どもたちは自由な活動の時間に自分たちでくり返し再現したり、自分たちで新しいセリフをつくったりして遊ぶ。そのため、ペープサートは丈夫につくっておこう。また、壊れたら修理しておくことも大切である。子どもたちがペープサートをしていたら、保育者が観客になって見てあげたり、励ましたり、助言をしたりしよう。子どもたちがある程度くり返したら、子どもたちに観客を呼んでこようと、提案して、お帰りの時間に他の子どもたちに見せる機会をつくることもできるだろう。ペープサート劇場において、椅子を並べたり、入場券をつくったり、席に案内したり、呼び込みをしたりする、劇場ごっこと組み合わせることもできる。

　絵本の読み聞かせ→保育者によるペープサートの鑑賞→自分たちでペープサートを演じる→ペープサートを見せる、といった一連の流れを考えて、日常的に子どもたちが児童文化財に触れる経験をすることが大切である。これらの経験をくり返すことから刺激を受けたり、新しいアイディアを得て、子どもたちは自分たちの遊びに取り入れ、応用して、自発的な活動としての遊びを自ら豊かにしていく。日常的に保育者は、子どもたちがさまざまな児童文化財を鑑賞できる機会を提供するように心がけることが重要である。つまり、日常的に子どもたちが児童文化財を経験することである。

　呪文を使った変身の場面がくり返されるので、子どもたちが「魔法使いごっこ」や「変身ごっこ」をするきっかけになると思うので保育室に素材を準備しておくとよい。

　保育者がリーダーになって、この話をもとにして、劇遊びを展開することも可能である。たとえば、呪文を使ってさまざまな動物や、ものに子どもたちが変身したりすることもできるし、子どもが魔法使いになって、他の子どもたちに魔法をかけたりして楽しむこともできるだろう。

　また、このお話は、ブラックライトを使ったペープサートにするといっそうおもしろくなるので、機会があれば挑戦するとよい。

おすすめ！作品紹介

『三びきのやぎのがらがらどん』　作：北欧民話／絵：マーシャ・ブラウン／訳：瀬田 貞二、福音館書店、1965年

　やぎがトロルと出会う小さな山場が2つあり、大きなやぎとトロルの戦いという大きな山場があり、ハッピーエンドでおわるという構成である。この構成に従いさまざまな即興的なセリフを挿入することができる。

「なぞなぞ」

　なぞなぞをペープサートにできる。質問を表に、答えを後ろに描くとよい。子どもたちとの自然なやりとりを導くことができる。

『おだんごぱん』　作：ロシア民話／絵：脇田 和／訳：瀬田 貞二、福音館書店、1966年

　おだんごぱんがさまざまな人や動物に出会う昔話なので、子どもたちが好きな動物などを加えることができる。おだんごぱんのペープサートをもって、保育室や遊戯室のなかを移動して、さまざまな動物たちに出会うようにすることもできる。

---おすすめ！文献---

- 安部恵『新　ペープサート』ひかりのくに社、1998年
- 安部恵『ザ・ペープサート』フレーベル館、1999年
- 久富陽子編『実習に行くまえに知っておきたい保育実技　児童文化財の魅力とその活用・展開』萌文書林、2002年
- 山本駿次朗『子どもとつくるペープサート』小学館、1986年

演習課題 5

- 「日天さん　月天さん」の新しい呪文をつくって、演じてみよう。
- 「日天さん　月天さん」のうさぎ、たぬき、ぶたがこの話とは違った変身をしているペープサートをつくってみよう。
- 平絵、立絵について調べてみよう。

column　ブラック・ライトの魅力

　「日天さん　月天さん」は、ペープサート脚本のなかでもとくにすぐれた作品である。ペープサートの裏表を呪文といっしょに効果的に使っている。さらに、動物、魔法使い、鬼が登場して、ちょっと怖かったり、同時におもしろかったりする。そのうえ、くり返しがあり、ユーモアもあり、ほっとする結末もあり、創作物語であるにもかかわらず、昔話の特徴も備えていて、子どもたちをひきつけるお話である。

　このお話を立絵のように黒い紙と暗幕とブラック・ライトを使って、蛍光ポスター・カラーで絵を描いてみると、非常におもしろい作品になる。とくに、うさぎが「日天さん　月天さん！」と呪文を唱えて消え、たぬきが「月天さん　日天さん！」というとさかさまになり、ぶたが「日天さん　日天さん」と間違えていうと上半分だけ消えてしまう場面において、普通のペープサートでするときより、変化をつけて、観客を驚かせることができ、同時に笑いを誘うことができる。

　パネルシアターでも同様にブラック・ライトを使うと幻想的な雰囲気や手品のもつ不思議さをつくり出すことができるので、この技法を身につけておくとお誕生会などで保育者たちが演じるときにとても楽しい時間を子どもたちと過ごすことができる。また、夏休みのお泊り会などのお化け屋敷でこの技法を応用することもできる。そして、子どもたちが、たくさん不思議な世界を経験して、おもしろがりながらイメージを豊かにしていく機会を提供することもできる。子どもたちも保育者も楽しみながら作品づくりをすることができるのが、ブラック・ライト・シアターの特徴の一つである。

エプロンシアター®

※ エプロンシアターは登録商標です。

● エプロンシアターとは

　日本におけるエプロンシアターは、20年ほど前に考案された胸当てエプロンを舞台に見立て、人形をその上で動かす人形劇であるといわれている。アメリカでは、「パペット・エプロン」あるいは「ストーリー・エプロン」という呼び名で1970年代に保育現場で保育者がストーリーテラーになって、エプロンを舞台に見立て、人形を使って演じることが行われていた。昔話のようなものだけでなく、自分の物語や、詩、歌が使われている。アメリカでは胸当てエプロンだけでなく、前かけエプロン、タオルに紐を取りつけたエプロン、ポンチョ式エプロンなども使われている。

　エプロンシアターの基本的特徴は、舞台としてエプロン等を使用し、パフォーマーが小さな人形を動かしたり、エプロンにマジックテープで貼りつけたりすることである。パフォーマーのコスチュームであるエプロンが、舞台になることが最大の特徴である。そして、いくつかのポケットがエプロンに取りつけられていて、そこからパペットや人形が登場する場合が多い。

　日本のエプロンシアターの場合は、キルティングの胸当てエプロンが使用されている。アメリカのストーリー・エプロンの基本形は、板の台が取りつけられた前かけ式でたくさんのポケットがあるエプロンのことである。そして、季節に応じてエプロンのポケットの柄を考えるようになっている。たとえば、春には花柄、12月はクリスマスの色である赤と緑などである。本書では日本の保育現場で広く使われている胸当てエプロン以外のエプロン舞台もいくつか紹介するので、演ずる作品に合わせて、舞台となるエプロンを変えてみてもおもしろい。

● エプロンシアターの舞台の種類とつくり方

　では、基本的なエプロンシアターの舞台とそのつくり方をここで紹介する。エプロンシアターで実践するお話やクイズなどに合わせて舞台となるエプロンも、どのタイプのものを使うと効果的か考え、自分なりのエプロンシアターを工夫してみよう。

（1）胸当てエプロン

第1に、日本の保育現場で一番使われているおもにキルティングなどの厚手の生地でつくった胸当てエプロンである。これは、テーマに応じたさまざまなアップリケ等が縫いつけてある「飾りのあるストーリー・エプロン」である。

つくり方　胸当てエプロン

用意するもの：キルティング布、綾織りの綿テープ（2cm幅程度）、ミシン糸、ミシン

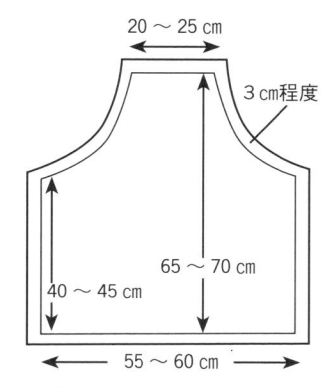

①使用する人のサイズに合わせて、キルティング布を裁断する。縫い代は3cm程度とる。

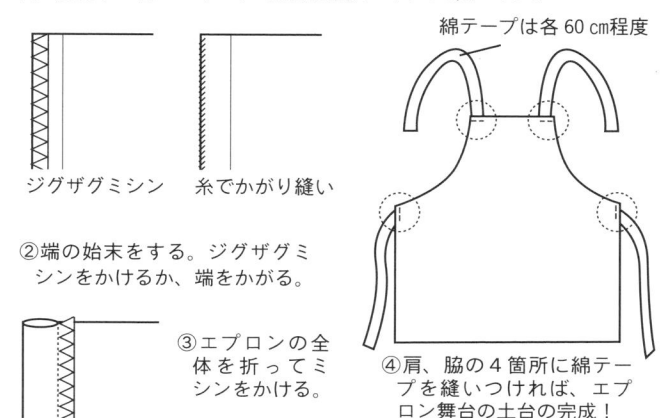

②端の始末をする。ジグザグミシンをかけるか、端をかがる。

③エプロンの全体を折ってミシンをかける。

④肩、脇の4箇所に綿テープを縫いつければ、エプロン舞台の土台の完成！

このエプロンを基本に、お話に合わせて、ポケットをつけたり、マジックテープで人形をつけたりして工夫しよう！

（2）ストーリー・エプロン

第2に、「背景が変えられるストーリー・エプロン」がある。これは胸当てエプロンの胸の部分に大きなポケットを取りつけ、その上に背景の書かれた布を数枚重ね合わせる。場面が変わるたびに背景をめくって、大きなポケットにしまい込むようになっている。この形式を用いると背景や小道具をマジックテープで貼ったり、はがしたりしないでよいので場面が多いお話のときに便利である。

つくり方は前述の「胸当てエプロン」に大きめのポケットをつけ、場面転換が必要な背景を枚数分つくり重ねてとめる。

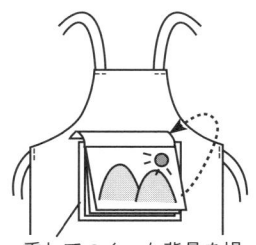

重ねてつくった背景を場面転換に応じてめくって、ポケットにしまう。

（3）ポンチョ・ステージ・エプロン

第3に、「ポンチョ・ステージ・エプロン」がある。これは、エプロンの代わりに円形のポンチョを使うものである。場所の移動が連続して表現したい場合に効果的である。また、背景を大きくしたいときに使い勝手がよい。

つくり方　ポンチョ・ステージ・エプロン

用意するもの：厚手の張りのある布、布と同色のバイアステープ、ミシン糸、ミシン

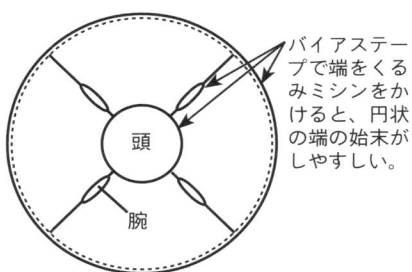

①円状に生地を裁断し、中心に頭が入る程度の穴をあける。四方に腕が出る切り込みをあける。

バイアステープで端をくるみミシンをかけると、円状の端の始末がしやすい。

②四方に場面の絵をアップリケなどを使って描く。

③背景を場面に合わせて回転させながら演じる。

（4）タオル・エプロン

第4に、「タオル・エプロン」がある。ハンドタオルの四分の一を折り曲げて縫いつけ、紐を取りつけて簡易エプロンにして使う。身近にあるハンドタオルとアクリル紐だけで手軽につくれるため簡単にできる。ポケット部分や前身ごろに背景となる飾りつけをアップリケなどでつくるとよい。

つくり方　タオル・エプロン

用意するもの：ハンドタオル、アクリル紐（太）、ミシン糸、ミシン

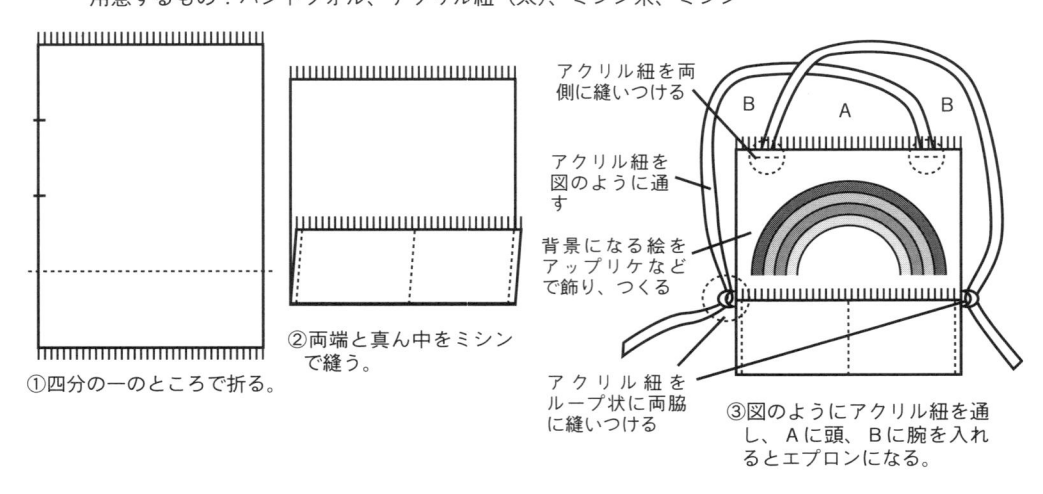

①四分の一のところで折る。

②両端と真ん中をミシンで縫う。

③図のようにアクリル紐を通し、Aに頭、Bに腕を入れるとエプロンになる。

- アクリル紐を両側に縫いつける
- アクリル紐を図のように通す
- 背景になる絵をアップリケなどで飾り、つくる
- アクリル紐をループ状に両脇に縫いつける

● エプロンシアターで使う人形

　紹介したエプロンシアターの舞台を使って、人形などをつくりお話を展開していく。日本ではエプロン舞台と人形の後ろにマジックテープをつけ、取り外したりして、人形を操作するのが一般的である。

　エプロンの後ろにいくつかのポケットをつけておくと、そこから人形を取り出すことができるので便利である。エプロンには、同色のマジックテープを少し大きめに縫いつけておくとしっかり人形を貼りつけることができる。とにかく、人形がエプロンから落ちないように配慮することが重要である。人形が落ちてしまうと子どもたちは、落ちた人形を拾いにきてくれたり、そちらに注意を向けたりしてしまい、物語の世界から現実世界に戻されてしまう。

　エプロンシアターの人形は、手で扱える大きさにして、裏にマジックテープで頭と胴体にマジックテープを貼りつけ、きっちりエプロンに貼りつけられ、多少動いても人形がエプロンから外れないようにする。人形を動かすので、できるだけ目立たないように人形の色と同じ色のマジックテープを使うようにする。

　人形を片手でいくつかもつ場合もあるので、ぬいぐるみのように綿をたくさん詰めないように配慮し、少し厚みがあるが平たい人形をつくる。また、手にはめて扱う人形も必要に応じて使ってみる。たとえば、『三びきのやぎのがらがらどん』のトロルは、大きいと迫力があるので、口の動くマペットにしてもよい。

---

column　　さまざまなアイディアを使ってエプロンシアターをつくってみよう！

　エプロンシアターは、一つの方法だけではなく、さまざまなエプロンを使って上演することができる。

　第1の特徴は、エプロン、前かけ、割烹着、ポンチョなど体に舞台を身につけて演じてみることである。画板を舞台にしてポケットをまわりに貼りつけても板の舞台つきエプロンシアターをつくることができる。

　第2の特徴は、エプロンのポケットからさまざまなパペットが登場することである。ポケットから何が出てくるのかなと、子どもたちはわくわくした気持ちになるし、保育者は子どもたちを驚かそうと思ってわくわくするという状況をつくり出すことができる。

　第3の特徴は、保育者一人で何役も演じることができることである。昔話は、いろいろな登場人物が出てくるので、普通の手遣い人形劇で演じようとすると保育者一人ではとても無理である。しかし、エプロンシアターを使えば、何人もの登場人物についてパペットを使って演じ分けていくことができる。また、保育者は舞台の後ろに隠れていないので、子どもたちを観察することもでき、彼らの反応に合わせて即興したり、反応したりすることもできる。

　エプロンシアターは、一つの方法しかないと思わず、子どもといっしょにオリジナルなエプロンシアターをつくり出していくことも楽しい活動である。

エプロン シアター 実践	ブレーメンの音楽隊
	——保育者が保育室で演じる

グリム童話

　子どもたちは『ブレーメンの音楽隊』の絵本の読み聞かせの経験をして、自由な活動としての遊びでも、楽器を使ってブレーメンの音楽隊ごっこをする姿が見られる。これらの活動から生活発表会につなげていくことも考えられるので、その前に保育者が登場人物を演じて、子どもたちが『ブレーメンの音楽隊』を見ることを通して、さらに興味をもてるようにする。

準備
- 胸に大きなポケットがあり、マジックテープで貼りつけられようになっているエプロン
- 背景が重なっていて、一番後ろにマジックテープで止められるようになっている布絵の束
- 裏にマジックテープで止められるようになっている人形：農夫、ロバ、犬、猫、鶏、泥棒たち（2人ずつになっている）
- 窓枠の向こうで泥棒たちががつがつ食べている絵が描かれている風呂敷ぐらいの大きな布

場　面	セリフ	ポイント
[場面1]	ナレーター：昔々、年寄りのロバと主人がいました。（ロバと主人をポケットから出す）主人はたくさんの荷物をロバに背負わせました。（荷物をロバに貼りつける） 主人：（ロバに向かって）おい、動け。ほら、動け。 ロバ：（よろよろしながら、荷物を運ぶ）（観客に向かって、独り言のように）重いよ。もうだめだ。助けて！ 主人：（観客に向かって、独り言のように）このロバは、もう使いものにならないから、明日にでもどこかに捨てにいこう。（荷物を下ろし、ロバを玄関に入れて、自分も中に入る）	＊エプロンの後ろに人形を入れておくポケットを取りつけておくと便利である。 ＊保育者が、何役も演じるので、声や雰囲気の違いを出すように心がけるとよい。
[場面2]	（ロバがこっそり玄関ドアから出てくる） ロバ：どこかへ捨てられそうな気がするので、ブレーメンの町へ行って、音楽隊に入ろう！　ブレーメンの音楽隊！　ブレーメン！　ブレーメン！　ブレーメン！ （口ずさみながら元気に歩いて行く）	＊登場人物の気持ちの切り替わりをはっきり表現してみよう。 ＊子どもたちが、自然と「ブレーメン、ブレーメン」といっしょに口ずさむように問いかけるように口ずさむとよい。

場　面	セリフ	ポイント
[場面3]	（背景をめくり、大きなポケットにしまう） 犬：ハア、ハア、ハア。（徐々に声を小さくする） ロバ：どうしたんだね？　そんなにハアハアして？ 犬：年寄りになって狩りで獲物を追えなくなったんだ。主人は、ぼくを殺そうとしているらしいんだ。これから先、どうしたらいいか、わからないんだ。 ロバ：実は、ぼくもそうなんだ。だから、逃げ出して、ブレーメンの町へ行って、音楽隊に入ろうと思っているんだ。きみもいっしょに行かないか？ 犬：（少し明るくなって）本当？ ロバ：本当さ。ぼくは、バイオリンが弾けるし、きみは太鼓がたたけるだろう？ 犬：ウン。太鼓ならたたけるさ！ ロバ：さあ、出発だ。 ロバ・犬：ブレーメン、ブレーメン、ブレーメン… （2匹はつれだって元気に口ずさみながら歩いて行く）	＊セリフは、状況を想像しながら言ってみよう。 ＊場面や登場人物の違いを明確に表現するようにしよう。
[場面4]	（背景をめくり、大きなポケットにしまう） 猫：エーン、エーン、エーン。（徐々に声を小さくする） ロバ：どうしたんだね？　そんなに泣き腫らして？ 猫：年寄りになって、ねずみをつかまえられなくなったんだ。主人は、ぼくを殺そうとしているらしいんだ。これから先、どうしたらいいか、わからないんだ。 ロバ：実は、ぼくたちもそうなんだ。だから、逃げだして、ブレーメンの町へ行って、音楽隊に入ろうと思っているんだ。きみもいっしょに行かないか？ 猫：（少し明るくなって）本当？ ロバ：本当さ。ぼくは、バイオリンが弾けるし、犬は太鼓がたたけるし、きみは歌がうたえるだろう？ 猫：ウン。歌ならうたえるよ！ ロバ：さあ、出発だ。 ロバ・犬・猫：ブレーメン、ブレーメン、ブレーメン……。 （3匹はつれだって元気に口ずさみながら歩いて行く）	＊くり返しのあるセリフは、リズムよく言うとよい。節をつけたりするとさらに楽しい。
[場面5]	（背景をめくり、大きなポケットにしまう） ニワトリ：コケ　コケ　ゴホン　コケ　コッコー　ゴホゴホゴホ。（辛そうにせき込みながら） ロバ：どうしたんだね？　そんなにせき込んで？ ニワトリ：年寄りになって、毎朝のお知らせの鳴き声ができなくなったんだ。主人は、ぼくを殺してスープにしようとしているんだ。これから先、どうしたらいいか、わからないんだ。 ロバ：実は、ぼくたちもそうなんだ。だから、逃げだして、ブレーメンの町へ行って、音楽隊に入ろうと思っているんだ。きみもいっしょに行かないか？ にわとり：（少し明るくなって）本当？ ロバ：本当さ。ぼくは、バイオリンが弾けるし、犬は太鼓がたたけるし、猫はうたえるし、きみはラッパを吹けるだろう？ 猫：ウン。ラッパなら吹けるよ！ ロバ：さあ、出発だ。 ロバ・犬・猫・ニワトリ：ブレーメン、ブレーメン……。（リズミカルに）。 （4匹はつれだって、元気に口ずさみながら歩いて行く）	＊擬声語・擬態語は、思い切って言ってみよう。 ＊登場人物の感情が切り替わるところは、はっきり表現を変えるとよい。

場　面	セリフ	ポイント
［場面6］	（背景をめくって、ポケットの中にしまう） ナレーター：4匹が元気よく歩いてくると、森の中で日が暮れてしまいました。 ロバ：すっかり暗くなってきてしまった。 犬：どこかで休みましょう。 猫：そうしよう。 ニワトリ：あそこに大きな木があるよ。 ロバ：今夜は、あの大きな木を寝床にしよう。 犬：ぼくは、根元で寝るよ。（木の根元に貼りつける） ロバ：ぼくも、根元にするよ。（木の根元に貼りつける） 猫：ぼくは、中くらいのところの枝で寝るよ。（木をつたって、真ん中に貼りつける） ニワトリ：じゃあ、ぼくは、見張り番もしなくちゃならないから、木のてっぺんで寝ることにしよう。（木のてっぺんに登っていくようにして、貼りつける）	＊人形がエプロンから落ちないようにしっかりマジックテープで貼りつけよう。
［場面7］	ニワトリ：お休みなさい！　おっと、見張り番の役割を忘れていた。どれどれ……。（遠くを見渡す）あれ？遠くに明かりが見える。家の明かりみたいだ。みんなを起こさなくちゃ。（ばたばた動きながら）みんな、起きてくれ、遠くに家の明かりが見えるんだ。起きてくれ。 ロバ：家の明かりだって！　みんな、起きろ！ 犬：え、家の明かりだって！ 猫：本当？　家の明かり？ ロバ：じゃあ、みんなで行ってみよう。 ナレーター：みんなでわいわい言いながら森を歩いて、明かりのついている家までだどりつきました。	＊セリフから状況を想像して、人形を動かしてみよう。あわてたり、びっくりしたりする表現は、人形を大きく動かしてみるとよい。
［場面8］	（背景をめくり、ポケットにしまう） ロバ：ちょっと、のぞいてみよう。 犬：（そっと）何か、見えるかい？ ロバ：ああ、こりゃ、泥棒の家だ！　おいしそうなごちそうがテーブルに並んでいる。泥棒たちが、むしゃむしゃ食べている。（ロバをエプロンに止める）	＊静かな動きのときは、小さく人形を動かそう。
［場面9］	（風呂敷ぐらいの大きさで、泥棒たちががつがつ食べている絵を見せる） ロバ：食べたいなー！ 犬：そんなにおいしそうなの？ 猫：お腹がぺこぺこだ。 ニワトリ：ぼくに、いいアイディアある！ （風呂敷を片づける） ロバ：何だい？ ニワトリ：泥棒を追い払うといいと思うんだ……。（4匹が頭を寄せ合って相談するようにする）	＊話している人形を動かすようにするとよい。 ＊風呂敷はパッと出そう。

場面	セリフ	ポイント
[場面10]	ニワトリ：ロバさん窓枠に足をかけてしっかり立っていてね。 ロバ：わかった。（窓枠のそばに人形を貼る） ニワトリ：犬さん、ロバさんの上に乗って。 犬：よしきた。（ロバの上に乗せるように貼る） ニワトリ：猫さん、犬さんの上に乗って。 猫：ＯＫ！（犬の上に乗せるようにもつ） ニワトリ：ぼくは、一番上。（猫の上に乗せるようにもつ） ニワトリ：みんな、一斉に思いっきり叫ぶんだ。用意はいいかい？　１、２、３、それ！ ロバ：ヒヒーン！ 犬：ウー、ワン　ワン　ワン！　猫：ニャーオ！ ニワトリ：コケコッコー！　みんな、中へ入るよ、それ！ ４匹：ワァーーーー！（４匹の人形を片づける）	＊セリフは、恥ずかしがらずに。ちょっと大げさかなと思うくらいに思い切って言ってみよう。 ＊できるだけ大げさに人形たちを動かしてみよう。
[場面11]	（背景をポケットにしまう） 泥棒１：ヒャー！　泥棒２：お化けだー！　泥棒３：怖いよー！　泥棒４：逃げろー！　泥棒５：急げー！ ナレーター：泥棒たちは、一目散に森へ逃げて行きました。そして、４匹はテーブルに座り、泥棒たちが残していったご馳走をたくさん食べました。 ロバ：お腹いっぱいになったら、眠くなっちゃった。（横にして、部屋のまわりに貼る） 犬：疲れちゃった！（同じように貼る） 猫：むにゃ、むにゃ、お休み！（同じように貼る） ニワトリ：お休みー！ ナレーター：みんな旅の疲れで、すっかり疲れて、ぐっすり寝てしまいました。（静かにいいながら、人形を片づける）	＊人形は場面に応じて早く動かしたり、ゆっくり動かしたりするとよい。
[場面12]	ナレーター：おやおや、泥棒たちが、真夜中に森から家に戻ってきたみたいですよ。 泥棒１：家の明かりが消えている。おい、誰か偵察へ行け！ 泥棒２：俺は嫌だよ。言いだしたのだから、お前が行け！ 泥棒１：しょうがないな。わかったよ。（泥棒２を片づけ、泥棒１を左手にもって、家の中へ入っていく） 泥棒１：何だ、別に何も変わったことがないじゃないか。明かりをつけなくちゃ。 猫：ニャーゴ！（泥棒１に跳びかかる） 泥棒１：な、なんだ？　ワァー！（猫から犬にもち替える） 犬：ウー、ワンワンワン！　泥棒１：ヒャー！ ロバ：エイ！（泥棒１を投げ飛ばす） 泥棒１：ワー！（くるくるまわって倒れるようにして、貼る） ニワトリ：コケコッコー！　コケコッコー！（けたたましくいう） 泥棒：怖いよー！　助けてー（起き上がって一目散に逃げる） （ニワトリを片づける）	＊思い切って人形を動かしてみよう。
[場面13]	泥棒１：あれは、化け物屋敷だ。恐ろしい魔女がいて長い爪で引っ掻かれ、戸口にいた化け物にナイフでぐさりとやられ、庭にいた怪獣に後ろからこん棒で投げ飛ばされた。そうしたら、後ろから裁判官らしいのが、「そいつを、つかまえろ、つかまえろ！」って叫んでいた。もう。命からがら逃げてきた。 泥棒２：そりゃ、大変だ。別の町へ行こう。 泥棒１：そうしよう。そうしよう。（泥棒を片づける） ナレーター：もう二度と泥棒たちはやってきませんでした。	＊泥棒たちが、とてもあわてている雰囲気を出そう。

場　面	セリフ	ポイント
[場面14]	（大きな風呂敷大の布をパッとエプロンの前に広げる） ロバ：ここ、ぼく気にいったんだけど…… 犬：ぼくもだ！ 猫：居心地いいよね。 ニワトリ：本当だね。 ロバ：じゃあ、ブレーメンに行くのはやめて、みんなで、ここに住もう。 犬：賛成！ 猫：賛成！ ニワトリ：大賛成！ ナレーター：こうして、ロバと、犬と、猫と、ニワトリは、それから、ずっと仲良く暮らしました。	＊人形を出したり、布を出したりするときのタイミングをとれるように何度か練習するとよい。 ＊楽しい雰囲気で表現してみよう。

保育への展開のまとめ

子どもたちにさまざまな児童文化財を組み合わせながら経験させるように一つの活動だけ考えるのではなく、一連のつながりを考えて計画しよう。たとえば、絵本の読み聞かせ→紙芝居→劇遊びといったつながりをもたせるとよい。

さまざまな登場人物を使うので、テーブルを２つ用意して、１つは使用する順番に並べておき、使いおわったらもう１つのテーブルにおくようにしよう。

上演後に子どもたちが、このお話を使って自由な活動としての遊びに生かせるように衣装を用意したり、子どもが使える人形やパペットを設定したりしておこう。

おすすめ！作品紹介

『はらぺこあおむし』
　さまざまなおかしをポケットから出すことができ、最後は保育者が全身を使ってちょうちょになり、子どもたちの間を飛びまわることができる。

『そらいろのたね』
　だんだん大きくなる家を背景をめくりながら表現することができる。

『あかずきんちゃん』
　おおかみが、おばあさんとあかずきんちゃんを食べる場面をポケットを使って効果的に表現できる。

『大工と鬼六』
　登場人物が２人なので、演じやすい作品である。

『三枚のお札』
　山場がいくつもあり、楽しめる作品である。

『田舎のねずみと都会のねずみ』
　ポンチョ式のエプロンで作品がつくれる。

演習課題 6

- 歌遊びをもとにして、実際にエプロンシアターをつくって、演じてみよう。
- 昔話をもとにして、実際にエプロンシアターをつくって、演じてみよう。
- どのようなエプロンがどのような作品に合っているかを考え、実際につくってみよう。
- エプロンシアターのしかけの可能性について、話し合い、書き出してみよう。
- 自分独自のエプロン式の作品をつくってみよう。

人形遊び

● 人形遊びとは

　人形とは、さまざまな素材を使って人間や動物などを模してつくられた玩具である。昔から、魔除けやまじない等のためにつくられたものもある。中世以降は鑑賞用および美術工芸品としても発達した。時代を経て信仰にかかわり、儀式で使われた人形がその役割をおえ、子どもたちの遊びにおける玩具として使われるようになったといわれている。鎌倉時代初期から「にんぎょう」といわれるようになり、それ以前は「ひとがた」といわれていたということである。江戸時代になると、行事とともに鑑賞用として雛人形や節句人形がつくられ発展していった。明治時代以降はセルロイド、ビニール、ソフトビニール、ソフトプラスチックと素材が変化しながら使われていった。

　人形遊びの人形は、「ドール（doll）」と「パペット（puppet）」に分類することができる。「ドール」は、見て楽しんだり、飾って楽しんだりする鑑賞用の人形のことである。たとえば、お雛さま、五月人形、ビスク・ドール（磁器でできた西洋人形）、市松人形（木くずを練り込めた胴体に首をつけた人形）などである。「パペット」は動かして遊ぶ人形であり、人形劇の人形のことである。

　本書では鑑賞用ではなく、子どもが遊ぶときに使われる玩具としての人形について取り上げ、とくに人形劇の人形であるパペットについて述べていく。人形劇とは、人形遣いが人形を操作して人形が俳優のように演劇する演劇様式の一つである。世界各地の民族が独自の人形劇の文化をもち、さまざまな様式の人形劇がある。

● ロッド・パペット

　人形の頭部・手足につないだ棒や針金で操る棒遣い人形のことである。

● ハンド・パペット

人形を手にはめて操るパペットのことである。

● 糸操り人形（マリオネット）

糸で吊して操る人形のことである。シンプルなものから複雑なものまである。

● 文楽（人形浄瑠璃）

三味線の伴奏で太夫が語る義太夫に合わせて演じる日本固有の人形劇である。

ハンド・パペット　　糸操り人形

子どもたちの人形遊び

子どもたちの人形遊びは、大きく3つに分けることができる。

第1に、子どもたちの「自由な活動としての遊び」のときのごっこ遊びで人形が使われる遊びである。たとえば、子どもたちがお母さん、お父さん、お姉さんの役を演じて、人形を子どもに見立てて、あやしたり、寝かしつけたり、おんぶしたりすることである。あるいは、ごっこ遊びのなかで犬や猫のぬいぐるみを家のペットに見立てて遊ぶことである。

第2に、保育者が人形を使った遊びを設定して子どもたちを導きながら行うことである。たとえば、牛乳パックを素材にして人形をつくって、それを操作して、人形さんごっこをしたり、音楽に合わせて動かしてみたりすることである。このような遊びは、クリエイティブ・パペトリーと呼ばれている。

第3に、保育者が人形劇の人形をつくって、それを使って保育者が人形劇を演じて、子どもたちがそれを見て、保育者が保育室に舞台を設定して、使った人形劇の人形（以後、パペットと呼ぶことにする）を設置し、子どもたちが上演作品をまねして再演してみる活動である。パペットには、さまざまな素材や形のものがある。

さまざまなパペット

● スティック・パペット

割り箸などの棒に紙やものを取りつけて操るもっともシンプルなパペットのことである。ペープサートもこのスティック・パペットの一種類であるといえる（本書「ペープサート」p. 100 参照）。

● 文楽スタイル・パペット

文楽のようにパペットを操る人が表に出ているパペットである。

● 指人形／フィンガー・パペット
指にはめて操る小さなパペットのことである。
● テーブル・パペット
テーブルを舞台にしておくことのできるパペットである。
● ソックス・パペット
靴下を素材にしたパペットである。
● ジャンク・パペット
がらくたを素材にしてつくったパペットの総称である。

文楽スタイル・パペット　　指人形パペット　　箱パペット

紙コップパペット　　手袋パペット　　紙袋パペット

紙皿パペット　　腕輪パペット　　紙袋パペット

人形遊び 実践 金のがちょう

グリム童話

　絵本の読み聞かせ、パネルシアター、紙芝居等で子どもたちはすでに「金のがちょう」のあらすじと登場人物は知っている。自由な活動としての遊びの時間に、「金のがちょう」ごっこを経験して、さまざまな登場人物になってみる経験をしている。

準備
- 登場人物のミトン・パペット（ハンス、不思議なおじいさん、娘さん、牧師、パン屋のおばさん、農夫）
- パネルシアターの絵人形（憂鬱なお姫様／笑っているお姫様、困っている王様／喜んでいる王様、ハンスとお姫様の結婚式の記念写真、森、木々、町のお店）
- パネルシアター板、パネルをおく台、舞台裏を隠す黒い布、パネル台をおくテーブル
- ナレーター／人形遣い用の黒の上下の衣装

場　面	流　れ	ポイント
[場面1]	（保育者は子どもたちに触ると「触らせて、ピタ！」とくっついてしまうセリフを思い出させる） 保育者：触ろうとしたら、くっついてしまいましたね。「触らせて、ピタ！」というセリフをいうお手伝いしてもらえますか？ 子どもたち：はーい！ 保育者：では、「金のがちょう」のはじまり、はじまり。	＊子どもたちがセリフを覚えていなければ、数回くり返してみる。子どもたちが、よく知っていれば、しなくてよい。
[場面2]	ナレーター：あるところにハンスというとても働き者で正直な若い木こりがいました。（ハンスの手遣いを右手にはめて、子どもたちに見せる） ハンス：今日は、いい天気だから森に木を切りに行こう。（ハンス人形を左右に歩くように動かす） （背景のハンスの家をはずし、木々を貼る）	＊保育者はナレーターになったり登場人物になったりファシリテーターになったりするので、すばやく役割を変えるようにしよう。 ＊パネルシアターのパネルを背景として応用するとよい。 ＊最前列に手遣い人形の登場人物順に子どもが並び、人形を右手にはめて座っているようにしよう。

人形遊び 121

場　面	流　れ	ポイント
[場面3]	ナレーター：ハンスが森の中を歩いていると、誰かが、向こうからやってきます。 おじいさん：（左手におじいさんの人形をはめる）若い木こりさん、おなかがぺこぺこなので、何か食べるものをもらえないだろうか？ ハンス：もちろん、いいですよ。どうぞ。（パンをおじいさんに渡す） おじいさん：ありがとう。お礼に秘密を教えてあげよう。向こうの森の奥に、大きな切り株があるので、その切り株にある大きな穴をのぞいてごらんなさい。宝物があるから、それを町に持ち帰るといい。 ハンス：ありがとう。 おじいさん：こちらこそ、パンをありがとう。（おじいさんの人形を舞台裏におく）	＊保育者は、ナレーターとおじいさんの役を演じるので、違いをはっきり表現しよう。 ＊子どもたちが、セリフを忘れたら、小声で教えよう。あるいは、いっしょに言うようにしよう。
[場面4]	ハンス：どこかな？　あっちかな？　こっちかな？（あちこち、木々の間を探しまわる）あったー！（跳びあがって大喜びする） ハンス：わー！　金のがちょうだ！（がちょうをマジックテープで左胸に貼りつける）おじいさんの言ったとおりに宝物があった。おじいさん、それから、どこかへ行け、って言ったよね？（子どもたちに向かって問いかけるように） 見ているこどもたち：町！ ハンス：そうそう町だったね。急いで行かなくちゃ。（森の木々をはがし、町の絵を貼る） （右手でハンスを走るように動かしながら、場面転換をする）	＊切り株の穴に切り込みを入れ、金のがちょうを隠しておくとよい。 ＊子どもたちに向かって問いかけるように言うとよい。もし、町という反応がなかったら、保育者が、「町だっけ？」と問いかけてみるのもよい。たくさん答えが出てきたら、「そうそう、町だったよね」と確認するとよい。
[場面5]	ハンス：（金のがちょうを抱えて、町を歩いている）たくさん人がいるなー。 （娘さん役の子どもが前に出てきて、人形を手にはめる） 娘さん：ちょっと触らせてください。（がちょうに触るやいなや、ハンスを演じている保育者にくっついてしまう） ハンス・娘さん・みんな：ピタ！ ハンス：わー、大変だ！　手がくっついたぁ！	＊保育者は子どもがセリフを忘れたら、いっしょに言うようにするとよい。 ＊子どもが右手で人形をもっているので、見ている子どもたちによく見えるように、右肩を観客側に向け並んでいくようにしよう。
[場面6]	（ハンスと娘さんが歩いている） 牧師：手がくっついた。それは大変。助けましょう（娘さんを演じている子どもの人形がつかむ）。 ハンス・娘さん・牧師・みんな：ピタ！ ハンス：わー、大変だ！　また、手がくっついた！	＊くっつく表現として、人形の手を前の子どもの右肩に乗せるようにするとよい。

場　面	流　れ	ポイント
［場面7］	（ハンス、娘さん、牧師がくっついて歩いている） パン屋のおばさん：手がくっついた！　そりゃ、大変。助けなくちゃ！（パン屋のおばさんを演じている子どもの人形がつかむ） 全員：ピタ！ ハンス：わー、大変だ！　また、また、手がくっついた！	＊「大変だ」という雰囲気を出すように驚きながらセリフを言ってみよう。
［場面8］	農夫のおじさん：手がくっついた。それは、大変じゃ！助けてあげよう。（農夫のおじさんを演じている子どもの人形がつかむ） 全員：ピタ！ ハンス：わー、大変だ！　みんな、くっついちゃった！（右肩を観客のほうに向けながら、ジグザグに動く）	＊保育者は、子どもたちが離れないようにゆっくり歩くようにするとよい。
［場面9］	（お店の絵人形を片づけ、お姫様が憂鬱な顔をしている絵を貼る） ナレーター：お城のお姫様は、生まれてから一度も笑ったことがなく、いつも元気がないので、王様はとても困っていました。 ハンス：大変だ！　みんな、くっついて離れないよー！　大変だ！ みんな：大変だ！　大変だ！　大変だ！ ナレーター：ちょうど、ハンスたちがお城のお姫様の窓の下を通りかかると…… お姫様：（絵人形を裏返し、笑っているお姫様を貼る）まあ、なんてゆかいな行列でしょう。あ、はははは！　あ、はははは！	＊大きな声でセリフを言ってみよう。 ＊ナレーターとお姫様を保育者が演じるので、絵人形を裏返したとたん、お姫様の笑い声を出すようにタイミングをはかろう。
［場面10］	ハンス・娘さん・牧師・パン屋・農夫：わー！（全員が離れる）離れた！ ナレーター：王様は、お姫様が大声で笑ったので大喜びで。お姫様とハンスは、お互いに大好きになりました。 （お城とお姫様の絵人形をはがす）	＊人形といっしょに跳び上がって喜びを表現してみよう。
［場面11］	（ハンスとお姫様の結婚式の絵人形を貼る） ナレーター：ハンスとお姫様は結婚しました。そして、いつまでも、いつまでも、仲良く暮らしました。（間をあけて）おしまい。	＊少しゆっくりとセリフを言い、おわりにするとよい。

保育への展開のまとめ　　この活動をするまえに、子どもたちが『金のがちょう』のお話に親しんでいることが大切である。無理やりせりふを覚えるのではなく、くり返しのなかで自然に出てくるようにしたい。

『金のがちょう』のパネルシアターをした後で、子どもたちが演じる人形を組み合わせるようにするとスムーズにこの人形劇遊びをすることができる。パネルシアターで使った絵人形を応用させることもできる。

クラスの子どもたち全員が、登場人物になって、『金のがちょう』を演じてみる経験をしているとよい。

おすすめ！作品紹介

「手遊び」
　さまざまな手遊びをするときの導入に人形を使うことができる。人形を使うことで子どもたちに注意を集中するところを示すことができる。

「注目する対象として」
　何かがはじまるときの目印に人形を使うことができる。たとえば、お弁当の時間・お帰りの集まりがはじまるときに毎回同じ人形を登場させたりする。

『三びきのくま』
　ぬいぐるみのように抱えるクマの人形をつかって文楽スタイルで演じることができる。文楽スタイルとは、人形を操っている人が表に出ているやり方である。子どもにとっては、演じている人形が見にくい舞台の後ろに隠れるやり方より、人形が見えるのでやりやすい。また、舞台を保育室・遊戯室全体を使って演じることができる。

『イソップ寓話』
　お話が短く、さまざまな動物が登場するので人形劇にしやすい。

『ハーメルンの笛吹き』
　たくさんネズミが登場するので、クラス全員でネズミの人形を操ることができる。

『大きなかぶ』
　登場人物がたくさんいるので、登場人物を加えたり、減らしたり簡単にできる。

演習課題 7

- さまざまな人形をつくって、操ってみよう。
- 小さな舞台をつくって、1人で演じられる人形劇を考えて、製作し、上演してみよう。たとえば、ダンボールに家の絵を描き、窓の穴をあけて、指人形を出したりひっこめたりしながら、かくれんぼをする。
- 保育場面で使える人形とお話を考えてみよう。たとえば、交通安全のお話をするお巡りさん人形、食育についてお話をする栄養士さん人形など、いろいろ考えてつくってみよう。

[人形遊び　引用・参考文献]

- Sims, J.　*Puppets for Dreaming and School : A Puppet Sourse Book.* CA:Early Stage, 1978.
- Hunt, T. & Renfro, N　*Puppetry in Early Childhood Education.* TX: Nancy Renfro Studios, 1982.

劇遊び

劇遊びとは

　劇遊びは広義にとらえれば、ごっこ遊びを含めた自分ではない他者の役割を演じたり、現実ではない想像世界で言動する活動であるといえる。狭義にとらえれば、保育者の援助と指導のもとで、限定された時間と場所で、グループとしての子どもたちが物語や絵本のストーリーなどに基づいてイメージを共有して遊び、観客に見せることを目的にしない、過程中心のドラマ活動のことである。

　本書ではごっこ遊びは「劇的遊び」ととらえ、ものを何かに見立てたり、子どもが誰か他の人に変身したりすることがあり、保育者は環境構成でかかわったり、必要に応じてあるいは子どもの招きにより何かの役になって遊びに加わるような活動のことを指すことにするので、実践例には含めないことにする。

　本書における劇遊びは、保育者が劇遊びというグループ活動を計画し、子どもたちを導くファシリテーター／ガイド／リーダーの役割を担い、一定の時間内において時系列に従って子どもたちといっしょに活動を展開するドラマ活動を指すことにする。このような活動は欧米ではクリエイティブ・ドラマ、DIE（Drama in Education）、プロセス・ドラマなどと呼ばれている。

劇遊びの形態

　劇遊びにはさまざまな形態がある。そのなかでも代表的なものは、以下の6つである。
　第1に、ゲーム的な劇遊びである。たとえば、「リーダーに続け」は、最初に一人がリーダーになりスキップすると、他の子どもたちもリーダーのまねをしてスキップする、まねっこ遊びである。そして、保育者が別の子どもがリーダーになるようにいったり、リーダーの子どもが次のリーダーを決めたりする。
　第2に、何かの振りをすることに着目した劇遊びである。たとえば、「フリーズ」は、保育者が「フリーズ！」といったら、その場で止まって冷凍庫のなかに入っている氷のようにカチンコチンに固まってしまい、「融けます」というと元に戻る。この活動は、もっと複雑な劇遊びの一場面にも応用して使うことができる「静止画」という技法につながっ

ている。静止画とは、ある一場面を切り取ってフリーズの状態を保つことである。また、これはグループ活動でルールを守ることを伝える活動としても応用できる。「真夜中のどろぼう」（岡田陽）は、散らかった保育室で保育者が子どもたちに「みんなで泥棒になろう」とささやき、「今は真夜中で、家の人たちは寝静まっているので、家の人たちが目を覚まさないように静かにものを動かそう」と提案して、部屋をきれいに片づけていく活動である。この活動は保育者が泥棒の親分になるという「ティーチャー・イン・ロール」という技法を使っている。これは、劇遊びをするときのさまざまな場面で応用できる技法である。

第3に、ものに命を吹き込む劇遊びである。代表的なものは、パペット（人形劇の人形）を使った劇遊びである。たとえば、保育者が音楽をかけ、子どもたちが人形やパペットを操りながら動いたり、踊ったりする活動である。あるいは、子どもたちが保育者の援助や指導のもとで、人形を介してお話したり、絵本や昔話を劇化したりすることである。

第4に、昔話や絵本の筋にそって、劇化する劇遊びである。たとえば、『三びきのやぎのがらがらどん』をもとにして、筋を追って、子どもたちが演じてみる活動である。あるいは、保育者が手袋を落としたおじいさん役とナレーターになり、子どもたちが手袋に入っていく役を演じるような活動である。

第5に、物語や絵本の一部から発展させて、その背後に広がる世界をつくり上げていく劇遊びである。たとえば、『三びきのやぎのがらがらどん』の橋の下に住んでいるトロルを取り上げて、トロルに仲間がいると仮定して、彼らは橋の下でどんなことをしたり、話したりしているのかを想像して演じてみる。『ブレーメンのおんがくたい』で泥棒たちが食事をしている場面を取り上げて、お料理をつくって食べている場面を即興的に演じてみる。あるいは『三匹のこぶた』で、オオカミが来ても壊されない家を建てるには、レンガ以外にどんな工夫をしたらいいかを考えて、グループに分かれて子どもたちがものや自分の体を使って家を建ててみて、お互いに見せ合うような活動である。

第6に、保育者が意図をもって、子どもたちの日常の活動からアイディアを取り上げて組み合わせて、独自のストーリーをつくり上げていく劇遊びである。子どもたちはあたかも自分たちでつくり上げたと感じるが、保育者の援助と導きがその裏にあるような劇遊びの活動である。たとえば、ヒーローごっこ、お城ごっこ、海賊船ごっこ、レストランごっこなどを子どもたちがしていたら、ヒーローが海賊船に乗って冒険に行き、お城に行く途中に町のレストランで食事をする、といったように部分を組み合わせて、筋を子どもたちとつくっていくような劇遊びである。

以上のように劇遊びには、さまざまな活動が考えられるが、保育者が計画してグループとしての子どもたちをガイドして行われるある一定の時間設定のある創造的な活動である。

| 劇遊び 実践① | # 三びきのやぎのがらがらどん |

北欧民話

　『三びきのやぎのがらがらどん』の絵本は、子どもたちが何度もくり返し読み聞かせの経験をしてきた作品である。絵本をもとにしたペープサートを見る経験をすでにして、保育者が使っていたペープサートを使って、子どもたちだけでも演じたり、見たりする経験を重ねているので、このお話の筋や登場人物について子どもたちはよく知っている。

　そこで、今度はペープサートという人形ではなく、子どもたちがやぎやトロルになって、遊戯室で「三びきのやぎのがらがらどん」の劇遊びをしてみよう。

準備
- 大きな積み木でつくられた橋
- 大きな積み木でつくられた岩（トロルが隠れているところ）
- やぎの耳のついた帽子（参加する子どもの数、耳の大きさの違う3種類）
- トロルの衣装（帽子とマント）

場　面	流　れ	ポイント
［場面1］	（保育室から遊戯室へ移動し、衣装のかごのおいてあるところに集まって座る） 保育者：みんな、「三びきのやぎのがらがらどん」を覚えていますか？ 子ども：覚えてる。　子ども：知ってる。 子ども：ペープサートのでしょ。 保育者：今日はみんながやぎになったり、トロルになったりします。小さいやぎのがらがらどんになりたい人？　ここから帽子を取ってください。 子どもたち：はーい。 保育者：小さいやぎさんの場所に移動しましょう。 保育者：中ヤギさんになりたい人。大やぎさんになりたい人。トロルになりたい人。（登場人物名を上げながら、衣装の帽子が入っているかごをおく） （それぞれの登場人物別の場所に分かれる） 保育者：私は、ナレーターをしますね。準備はいいですか？ 子どもたち：はーい！ 保育者：トロル役は、山の後ろに隠れましょう。（2つある山の大きいほうに隠れるように指差す。大きい山は、上手におく）	＊あらかじめ、登場人物別に座って待っている場所を設定しておくとよい。たとえば、椅子を並べておいたり、テープで印をつけておいたり、大型積み木を並べておいたりする。 ＊それぞれの登場人物がわかる印をつけるか、場所を指し示そう。 ＊中やぎを演じたい子どもが一人もいない場合があるので、もう一人保育者がいるとよい。あるいは、多いグループから、替わってもらうようにしよう。そのためには、帽子の数を考えて多すぎないように用意しておこう。 ＊やりたい登場人物になれなかった子どもがいたら、もう1回するから、そのときは、かならずやりたい役ができることを伝えておく。

劇遊び 127

場　面	流　れ	ポイント
［場面２］	ナレーター：昔々、三びきのやぎのがらがらどんが、山に住んでいました。やぎたちの住んでいる山には草がありませんでした。（茶色の布を山に見立てて積み上げた大型積み木にかぶせる）向こうの山には草があおあおと茂っていました。（トロルが隠れられるよう大型積木でつくった山に緑の布をかぶせる）山の間には深い谷川があり、橋がかかっていました。（大型積み木でつくった橋の手前に川の水に見立てた水色の布をおく）橋の下には、気味の悪い大きなトロルが住んでいました。トロル出てきてください。ちょっと、強そうに、はいポーズ！　そこで、吠えてみましょう！ 子どもたち：うぉー！（ポーズしながら、吠える） ナレーター：あ、向こうから。おいしそうなやぎがやってきます。トロルたち急いで隠れましょう。	＊ナレーターは、少しゆっくり、子どもたちに語りかけるようにセリフを言おう。
［場面３］	ナレーター：小さいやぎのがらがらどん、橋を渡りにきましょう。橋のきしむ音を出しながら渡ってくださいね。 小やぎ・みんな：（小さな声で）かた こと かた こと！　かた こと かた こと！ （途中まで子どもたちが渡ってきたら、トロル役の子どもたちに出てくるように合図する） トロル１：誰だ、俺の橋をかたことさせるのは！ ナレーター：他にどんなこと言うかしら？ トロル２：誰だ、誰だ！　トロル３：うるさいぞ！ 小やぎ１：小さいやぎのがらがらどんですよ。 ナレーター：他に、どんなこと言うかしら？ 小やぎ２：山へ草を食べにいきます。 小やぎ３：山へ太りにいくところです。 ナレーター：トロル、どうする？ トロル１：食べちゃうぞ！ トロル２：うまそうじゃないか！ トロル３：ようし、お前をひとのみにしてやろう！ ナレーター：小さいやぎさんどうする？ 小やぎ１：お願い、食べないで。 小やぎ２：小さいから、おいしくないよ。 小やぎ３：お願い、止めて！ ナレーター：次に何がくるんだっけ？ 小やぎ４：少し待てば中くらいのやぎのがらがらどんが、くるよ。 小やぎ５：ずっと、大きいよ！ 小やぎ１：おいしいよ！ ナレーター：（トロルに向かって）どうする？ トロル１：行っちまえ！ トロル２：大きいのか、じゃあ、行け。 トロル３：とっとと行ってしまえ！ ナレーター：（小やぎに向かって）急いで渡りましょう。 小やぎたち：ありがとう。（舞台の上手に急いで、次々に渡っていく） ナレーター：トロルたち、次のやぎがくるから、急いで隠れましょう。トロル：（急いで隠れる）	＊ナレーターは劇遊びを進行するファシリテーターの役も兼ねよう。 ＊子どもたちが、忘れていたら、いっしょに「かた こと かた こと」と言うようにしよう。 ＊即興なので、さまざまなセリフが子どもから出るようにするとよい。

場　面	流　れ	ポイント
［場面4］	ナレーター：トロルたち、隠れましたか？ トロル：隠れました。 ナレーター：今度は中ぐらいのやぎのがらがらどんですからね。勢いよく出てきてくださいね。 トロル：はーい！ ナレーター：あ、向こうから中くらいのやぎのがらがらどんたちがやってきます（橋を渡るように合図をする）。 中やぎたち：がた ごと がた ごと！ がた ごと！（トロルが出てこなかったら登場の合図をする） トロル：誰だ、俺の橋をがたごとさせるのは！ 中やぎ1：中くらいのやぎのがらがらどん。 中やぎ2：山へ太りにいくところだ。 中やぎ3：草を食べにいくところだ！ トロル1：ようし、お前を食べちゃうぞ！ トロル2：ひとのみだ！　トロル3：さっきより、大きいぞ！　トロル4：うまそうだ！ 中やぎ1：おっと食べないで！ 中やぎ2：少し待てばもっと大きいやぎがくるよ。 中やぎ3：ものすごーく大きいよ！ トロル1：そうか、そんなに大きいのか。 トロル2：そんなら、とっとと行ってしまえ！ ナレーター：急いで渡りましょう。 中やぎ：ありがとう。（舞台の上手に急に消える） ナレーター：トロルたち、大きいのがくるみたいなので、急いで隠れましょう。 トロル1：わかった！　トロル2：急げ！ （急いで隠れる）	＊即興なので、さまざまなセリフが出てくることが重要である。右のようなセリフが出てこなかったら、ナレーターが中やぎになって、セリフを言うようにしよう。
［場面5］	ナレーター：あ、ものすごく大きなやぎがこちらに向かっています。（橋を渡るように合図する） 大やぎ・みんな：（大きな声で）がたん ごとん がたん ごとん！ がたん ごとん がたん ごとん！ トロル1：誰だ？　トロル2：がたぴしさせるのは？　トロル3：うるさいじゃないか！ トロル4：いったい何者だ？ 大やぎたち：大きいやぎのがらがらどんだ！ トロル1：ようし、お前をひとのみにしてやろう！ トロル2：食べちゃうぞ！ 大やぎ：さあこい！ トロル：行くぞ！ ナレーター：ちょっとまって、人数が多いから、一人ずつ、この土俵でじゃんけんによる戦いをしましょう。私が、行司になります。 （トロルと大やぎ1名ずつ土俵にのせる） 行司：最初は、ぐー、じゃんけんぽん！ 行司：（じゃんけんで勝ったほうの登場人物名をいう。最後にやぎが勝ったところで止める） 行司：やぎの勝ち！　トロルの負け！ やぎ：わあーい！　勝った！ （行司からナレーターに戻る） ナレーター：トロルはどこかへ逃げて行ってしまいました。（トロル役の子どもに隠れるように促す）	＊子どもたちが興奮しすぎないよう、保育者は雰囲気に配慮しよう。 ＊3～4回はじゃんけんができるようにしよう。保育者は行司をするようにどちらが勝ったのか、名乗りを上げよう。 ＊トロルが負けたところでおわるように保育者はタイミングをはかるとよい。 ＊子どもたちがじゃんけんのルールを守れるように方向づける。 ＊子どもたちが嘘っこで「すもうごっこ」ができるようだったら、じゃんけんから「すもうごっこ」に変えることもできるだろう。その場合、子どもたちがけがをしないようにマットをかならず敷く。 ＊保育者はトロルが負けてすぐ逃げるように援助しよう。

場　面	流　れ	ポイント
[場面6]	ナレーター：やぎたちは、山へ行って、たくさん草を食べました。草を食べるまねをしましょう。 やぎたち：（あちこちで草を食べるまねをする）	＊やぎが、みんな出てきて草を食べるように方向づけよう。
[場面7]	ナレーター：トロルさんもやぎさんたちも、一番最初の場所に戻りましょう（出番を待っていた場所に戻るように促す）。 ナレーター：（全員が座ったところで） 　やぎたちは、とても太って、家に帰るのもやっとのことでした。おしまい。	＊年長児の場合は、終了後に集まって、話し合いをすることもよいだろう。

保育への展開のまとめ

　この劇遊びをするまえに『三びきのやぎのがらがらどん』の絵本の読み聞かせを子どもたちが、すでに何度か経験している必要がある。さらに、子どもたちは保育者が演じたペープサートの上演を見て、子どもたち同士でペープサートの「三びきのやぎのがらがらどん」を何度もやってみる経験をしていることが望ましい。

　橋の上でのトロルとやぎのやりとりは、子どもたちが思いついたことを言ってみるので、普段のごっこ遊びでも、このような自分のアイディアを言葉と行為で表現する経験がたくさんあるとよい。年長児の場合は、劇遊びのおわった後に、どこに工夫があったか、自分の気に入っている場面はどこか、もう一度するとしたらどこをどうしたらよいか、など自己評価する機会があるとよい。

　「三びきのやぎのがらがらどん」は劇化しやすい昔話なので、ペープサート、人形、劇遊び、パネルシアター、エプロンシアターなど、さまざまな児童文化財を使うことができる。いろいろな応用をしてみよう。また、似たような昔話を探して、劇化してみるとよい。

劇遊び実践②

かいじゅうたちのいるところ
――絵本のその後も物語を想像し、つくり出す

モーリス・センダック 作

　モーリス・センダックの『かいじゅうたちのいるところ』（冨山房、1975年）は、子どもたちのお気に入りで今までに何度もくり返し読み聞かせを経験したり、読んだりしているとても親しみのある絵本である。

　ある日、主人公のマックスがかいじゅうの着ぐるみを着て、家中で大暴れをしていると母親に部屋に閉じこめられる。すると不思議なことにマックスの部屋が森になってしまう。森の先には海があり彼は冒険に出かける。そしてマックスはかいじゅうたちの住む島にたどりつき、そこでかいじゅうたちの王様となり十分に遊ぶ。しかし次第に家が恋しくなり、かいじゅうたちと別れて自分の部屋に戻る。すると温かいご飯が用意されているというゆかいでやさしいかいじゅうたちがたくさん出てくるお話である。

　子どもたちにとって、かいじゅうはとても興味のある存在である。子どもたちは、かいじゅうの衣装をつくったり、お面をつくったりして、それを使って遊んだりしている。劇遊びに入るまえに、もう一度、『かいじゅうたちのいるところ』の読み聞かせをする。

準備
- ダンスのためのCD
- マスキングテープ
- 衣裳
- 衣裳をつくるための素材
- 絵本『かいじゅうたちのいるところ』

場　面	流　れ	ポイント
[場面1]	保育者：みんな、『かいじゅうたちのいるところ』覚えていますか？ 子どもたち：覚えている！ 保育者：マックスは、かいじゅうたちと出会って、何をしましたか？ 子ども：遊んでた。　子ども：木にぶら下がっていた。　子ども：踊ってた。 保育者：そうね。森の中で踊っていましたね。今日は、みんながつくったかいじゅうの衣装を着て「かいじゅう踊り」をしてみます。自分でつくった衣装を着てみましょう。つくらなかった人はここにありますから、来てみましょう。	＊前日に絵本の読み聞かせをしておくとよい。 ＊保育者は、子どもからでてきた言葉を拾いながら、物語を思い出させるようにしよう。 ＊保育者は、あらかじめ子どもたちが自然に踊り出すような音楽を探し、準備しておく。
[場面2]	保育者：みんな衣装を身につけましたか？ 子ども：はーい。 子ども：まだです。 子ども：衣装がない。	＊保育者は、子どもたちの人数分より多く衣装を準備しておくとよい。 ＊保育者は、子どもが衣装を身につけるのを手伝ったり、切れたりしたところを補修したりする。 ＊衣装がない子どもは、余分な衣装から選ぶように援助する。

劇遊び

場　面	流　れ	ポイント
[場面3]	（保育者は子どもたち全員が衣装を身につけたかを確認する。保育者もかいじゅうの衣装を身につけて、かいじゅうになる） かいじゅうの親分：（こわそうに）用意はいいか？ 子どもたち：はーい。 かいじゅうの親分：はーい、じゃないだろう。かいじゅうだろう？　違ういい方はないのか？ 子ども：ウォー！ かいじゅうの親分：そうだ、いいぞ！　他には？ 子ども：できてるぞー！ 子ども：ウォッス！ かいじゅうの親分：いいぞ、みなのもの、用意はいいか？ （子どもたちは、「うぉー！」「いいぞー！」「オッス！」など、それぞれ答える） かいじゅうの親分：音楽、いくぞー！ 子どもたち：おー！ （保育者が、ダンス・ミュージックを少しいつもより音量を上げてかける）	＊保育者もかいじゅうの衣装を身につける。 ＊保育者は目で子どもたち全員が衣装を身につけたかを確認した後で、保育者はかいじゅうの親分に変身する。 ＊保育者はセリフはあらかじめきまったものを言うのではなく、その場で好きなセリフをつくって言うということをくり返し伝えるとよい。 ＊保育者は、子どもが工夫してセリフをいったら、それを取り上げて、他の子どもたちに伝えるとよい。 ＊保育者が思い切ってかいじゅうになって演じてみよう。
[場面4]	かいじゅうの親分：踊るぞ！（大げさに思えるぐらい思い切って踊る） （子どもたち、踊りはじめる） かいじゅうの親分：（回転をして踊っているかいじゅうに向かって）そこのくるくるまわっているかいじゅう、いいぞ！ かいじゅうの親分：おー、その手の振り方、かっこいいな。 （できるだけ多くの子どもたちの踊りのいいところを見つけて、他の子どもたちに知らせる）	＊保育者は、音楽がかかりはじめたら真っ先に踊りはじめることがコツである。それを見て、子どもたちは、上手とか下手とかではなく、好きに踊ればよいというメッセージを受け取るようにするとよい。 ＊保育者は、子どもたちが、お互いにまねっこしながら、新しい動きを経験できるようにする。 ＊保育者は、子どもたちに、どんな動きでもいい、ということを踊りながら伝えるようにする。
[場面5]	かいじゅうの親分：今日はここまで。みなのもの、踊りを止めい！（音楽を止める。衣装を脱ぎ、保育者に戻る） 保育者：合図をしますから、みんなも衣装を脱いで、もとに戻りましょう。「5、4、3、2、1、へんしーん！」みんなも子どもたちに戻りました。また、かいじゅう踊りをしましょうね。	＊年齢が低い場合は、サンプルをいくつかつくっておき、製作コーナーにおいておくとよい。

保育への展開のまとめ

絵本の読み聞かせ、表現遊び、劇遊びを組み合わせて1～2週間のプロジェクトとして実施するとよい。『かいじゅうたちのいるところ』の1場面を取り上げて、その背後にある物語を子どもたちといっしょに想像したり、今回のように最後の場面の後の物語を考えたりして、さまざまな可能性を子どもたちといっしょに探ってみよう。

劇遊びは、物語にそって再現するだけでなく、物語の背後にあるかもしれない世界について想像して、子どもたちと保育者でいっしょに想像的世界をつくっていくこともできる。たとえば、かいじゅうたちのパーティー、かいじゅうたちの島の探検、かいじゅうたちの朝ごはん、かいじゅうになって鬼ごっこ、などさまざまに応用できる。

劇遊びは一回一回おわることもできるが、つながりをもたせながら1～2週間継続していくこともできる。劇は、さまざまな表現活動を含んでいるので、描いたり、つくったり、踊ったり、飾ったり、演じたり、見せたり、見たりなどを組み合わせてみよう。

おすすめ！ 作品紹介

「おおきなかぶ」
　絵本に登場する人物だけでなく、子どもたちがなりたい役になって、大きなかぶを抜いてみる。それぞれの登場人物が自分なりのセリフを言ってから、列に加わるようにしてみる。

「おだんごぱん」
　おだんごぱんがさまざまな人や動物に出会って、やりとりをしてみる。最後におだごぱんが食べられてしまう結末とは違う話を考え、演じてみるとよい。

「七ひきのこやぎ」
　7匹だけでなく、たくさんのこやぎが登場する物語にして、かくれんぼを導入してみてやってみよう。

「三匹のこぶた」
　こぶたの家を建てる建築家になって、丈夫な家を建てるにはどうしたらよいかをグループで相談して、大型積み木やダンボールを使ってつくってみる。

「ブレーメンの音楽隊」
　音楽隊になって、合唱コンクールごっこをする。

「おおきなかぶ」
　おおきなかぶの別の抜き方をグループで考えて見せ合う。

「三びきのやぎのがらがらどん」
　トロルの衣装のファッションショーを開催する。

「うらしまたろう」
　さまざまな玉手箱をつくって、中から煙が出てきて何か別なことが起こることを考え、実際にやってみる。

おすすめ！文献

- 岡田陽・高城義太郎監修『劇あそび』玉川大学出版部、1981年
- 岡田陽・高城義太郎監修『ことばあそび』玉川大学出版部、1981年
- 岡田陽・高城義太郎監修『みぶりあそび　ごっこあそび』玉川大学出版部、1981年
- 川尻泰司『人形劇をはじめよう』玉川大学出版部、1982年
- 川尻泰司『人形劇であそぼう』玉川大学出版部、1982年
- 小池タミ子・平井まどか編『劇あそびを遊ぶ―三歳から大人まで―』晩成書房、1991年
- 小林由利子・中島裕昭・高山昇・吉田真理子・山本直樹・高尾隆・仙石桂子『ドラマ教育入門』図書文化社、2010年
- 小林由利子編・アレン・オーエンズ、ナオミ・グリーン『やってみよう！　アプライドドラマ』図書文化社、2010年
- 日本演劇教育連盟編『ちいさいなかまの劇あそび』鳩の森書房、1972年
- 星野毅『人形劇あそび―先生・お母さんへの手引―』一声社、1981年

演習課題 8

- さまざまなトロルの絵を描いてみよう。その絵を参考にして、衣装をつくって、身につけてトロルを演じてみよう。
- 「三びきのやぎのがらがらどん」と同じような昔話を探してみよう。たとえば、3という数字のある昔話、やぎ対トロルの関係と同じようなストーリーの昔話などを探してみよう。
- 演じる役を理解するために、似たような動物について調べてみよう。たとえば、やぎと羊の違いについて調べてみよう。
- トロルについて調べてみよう。トロルと似たような存在について調べてみよう。
- 絵本を参考にして「三びきのやぎのがらがらどん」の劇をつくって演じてみよう。
- かいじゅうの衣装とお面をつくってみよう。それを身につけて、ダンス大会を開催してみよう。
- かいじゅうたちの特技を考えて、お互いに見せ合おう。
- かいじゅうの絵を描いて、展覧会をしてみよう。
- 昔話のある場面から、自分たちの物語をつくって、演じてみよう。

玩具・遊具

● 玩具（おもちゃ）とは

　「玩具」は一般的には「おもちゃ」と呼ばれる。「おもちゃ」という言葉は、ひらがなで表記されるせいか、少し幼くなつかしく、柔らかく甘い響きをもって受け止められるのではないだろうか。その響きの向こうには、幼いころ夢中になって遊んだ人形やままごと、積み木やブロック、こまやボールなどの遊び仲間がひょっこり顔をのぞかせる。これらのおもちゃがあったことで、どれだけおもしろく楽しく遊びに興じることができたことか……。おもちゃの形や遊び方は変わったかもしれないが、今もなお幼い子どもたちの手には、気の合う遊び相手としてさまざまなおもちゃがにぎられている。時代を経てもなお子どもたちを引き寄せる「おもちゃ」とは何だろうか。

　「おもちゃ」という言葉の語源は「持ち遊び」にあるといわれている。すなわち、「持って遊ぶもの」という意味で、子どもの遊びに大人の目が積極的に向けられるようになった江戸時代（パート１、第３章、p.30〜参照）に庶民の間で用いられはじめたという。語源が示すように、おもちゃと遊び手の「手」は密接な関係にある。どんなにすぐれたおもちゃでも手に触れられないようにケースに収められていれば、それは展示物や鑑賞物にすぎない。一方で、子どもたちは棒切れや空き缶でも、手でいじくりまわしながら遊びのなかに取り入れて、あっという間におもちゃにしてしまう。このとき、おもちゃと手が触れ合っていることが、ことのほか大事であろう。遊び手である子どもはものに触れることによって、そのもののなかに潜んでいる「遊ぶ力」を引き出している。また、子どもがおもちゃで夢中になって遊んでいる様子を見ると、子どもの手とおもちゃが触れ合って、まるで対話をしているかのように楽しげな場が広がっているのがわかる。おもちゃは何かの目的のために用いられる道具ではなく、触れ合うことで遊びをつくり出す遊び相手であり遊びの共有者であるといえるだろう。

　そう考えるなら、おもちゃの命は、遊び手である子どもの「遊ぶ心」とどれだけ結びついているかにかかってくるに違いない。どんなに手の込んだ教育的意味の高いおもちゃでも、遊び手である子どもに「遊ぶ心」が湧いてこなければ、おもちゃの命は宿らず「おもちゃ」とさえいえなくなってしまう。一方で、教育的意味は明瞭でなくとも、子どもが夢中になって遊び、さらにおもちゃを媒介に子ども同士の遊びが広がるなら、そのおもちゃ

は「おもちゃの命」を存分に発揮しているといえるだろう。すなわち、「おもちゃ」の基盤にあるのは、子どもがものとかかわりながら、さらにものを媒介として人とかかわりながら、いきいきした遊びの場を体験することだと考えられる。

このように、どんなものであれ子どもの遊ぶ心とかかわることによっておもちゃになりうるし、いきいきと遊ぶことにおいて「おもちゃの命」は発揮されているといえる。が、「保育」という場において求められる玩具（以下、おもちゃは玩具と表記）には、また別の意味が付加されるだろう。「保育の場」とは、子どもが体験する最初の「小さな社会」であり、そこで子どもの心と体が遊びを通して育まれていくこと（パート１、参照）が求められるからである。そう考えると、一過性の強い流行玩具や一人でしか遊べない玩具は、あえて保育の場に取り入れる必要はないだろう。人生の入口にいる小さな子どもが、はじめて体験する小さな社会において、自己とモノとヒトとがかかわって、お互いにいきいきと遊ぶことができる「場」の体験に生かせるような玩具と、その用い方こそが大切なのである。

では、どのような玩具とどのようにかかわることによって、いきいきした遊びが体験されているのか見ていくことにしよう。

● 保育のなかでの玩具の活用

（１）人やものとの応答性を高める

ガラガラを振ると音がする、たいこをたたくと音がする、揺すると音がして球が落ちてくる、手で動かすと車が動くなど、子どもが玩具を手にもって小さな行為を行うことで、何らかの変化が引き起こされる。この変化が子どもにとってはうれしいのである。なぜなら子どもの行為が何らかの変化（効果）をもたらすことは、子どもが世界に働きかけ、そこに何らかの影響を及ぼすことを意味する。泣くことで親がやってきておっぱいをくれる、喃語で語りかけると声を返してくれるなど、人が応答してくれることはもちろんであるが、自分が触り、いじった玩具が何らかの音や動きで応えてくれることもまた、行為をする主体である子どもにとっては、自分がまわりに対して影響を与えることができるという感覚を育てる。

またそこで、「音が出るね」「コロコロっていってるね」「○○ちゃん、動いたね」「走ってる、走ってる」など、子どもの行為が変化を生み出したことを、まわりの大人たちが言葉にして、認めることは子どもにとって自己の有能感を育てることにつながる。

（2）遊びのきっかけを与える

　保育のなかでの子どもの姿はさまざまである。入園当初の不安な時期、保育者といっしょに遊びたい時期、一人でじっくり遊ぶ時期、仲のよい友だちと遊びたい時期、グループやクラスのみんなと遊びたい時期など、子どもの状況は異なる。玩具はそれぞれの子どもの状況に応じて、保育環境として整える必要がある。

① 安心できる場をつくるためには
- 慣れ親しんでいる玩具や絵本があると安心する。
- プラレール・粘土などは、腰をおろして座り、安定感をもって遊ぶことができる。さらに電車を手で動かすなど、何らかの動作があることで居場所ができる。

② 友だちとつながるためには
- 同じ遊びを続ける。プラレールや粘土コーナー、製作コーナーなどで、最初はまったく関係なく遊んでいても、次第に遊んでいる姿や同じ場にいることがお互いの関心を生む。またときには、「自分の電車を通す」「○○も○○も使う」と主張して、トラブルになることもあるが、保育者の言葉かけに支えられながら、次第に互いへの関心を高める。
- 子どもがよく手にして遊ぶ玩具から、子どもの個性を知り、その玩具を介して他の子どもとつながる可能性を探り、玩具を手がかりに子ども同士をつなげていく。

③ 子どもたちのペースで遊べるように
- 預かり保育や延長保育など長時間の保育の場では、子どもがゆったりと自分のペースで遊ぶことができるパズル、ブロックなどをおくことも必要である。

④ 年齢による玩具の提供を考えて
- 生活に身近な玩具を提供することで、子どもたちは共通のイメージをもって遊ぶことができる。
- 本物らしい玩具がイメージをもちやすくする。
- 年齢が高くなると、多くの友だちとイメージを出し合いながら遊ぶことができるようになるので、シンプルで可塑性のある玩具が好まれる。

⑤ 異年齢の遊びの伝承が生まれるように

- 4歳児、5歳児になると、いわゆる「わざ」の習得が可能な時期になる。パズル、けん玉、こま、縄跳びなどの玩具がこのような遊びを支える。また保育のなかで、異年齢の子どもたちがけん玉大会、こま大会などの場を設けて、遊びのわざを見合う機会とすることも遊びの伝承につながる。

⑥ 玩具を自由に選べるように
- 5歳児になると、集団でルールのある遊びを行うことも可能になる。そのころになると子どもたちが遊びに必要な玩具を選べるように、玩具の選択や使用の自由度を高めることが必要である。一方で、玩具の片づけ方法や使いたい人が多い場合はどうするかなど、子どもたちで相談する機会を設ける。

遊具とは

　子どもたちが遊びに使う玩具・道具（もの）を指して遊具という。幼稚園や保育所のおもに屋外に大型で固定されて設置されているものを固定遊具といい、すべり台、ぶらんこ、砂場、うんてい、ジャングルジムなどがあげられる。屋外におかれ、移動できるものとしては、自転車、三輪車、一輪車などがある。玩具は、手を使って「もてあそぶ」比較的小さいものを指し、人形・ぬいぐるみ類、電車、自動車などの乗り物、ブロック、パズル、縄跳び、ボールなどがある。その他、屋内には大型の積み木や巧技台などがおかれている。

　1899（明治32）年に幼稚園に関して「幼稚園保育及設備規程」が出された。この規程は、子どもたちの「自由な遊び」を尊重し、屋内中心の保育だけではなく、屋外での活動も重視した。また明治10年代以降、小学校以上の教育において身体訓練が重視された。

　このような教育界の動向を背景に、幼稚園には子どもたちがダイナミックに遊べるよう園庭には、すべり台、ぶらんこ、砂場、うんてい、ジャングルジムなどの遊具と、室内用に、人形、ままごとセット、ブロック、積み木などの遊具が設置された。

　1956（昭和31）年の幼稚園設置基準では園具および教具を備えなければならないとされた。この基準では「すべり台、ぶらんこ、砂遊び場」や「積木、玩具、紙しばい用具、絵本その他の図書」など、具体的に設置すべきものが示されていたが、1995（平成7）年に設置基準が改正され、大綱化が図られた。改正では、「時代の進展等にかんがみてそれぞれの園で工夫し、学級数や幼児数に応じて、必要な種類・数を備えること、また常に改善し、補充しなければならない」ことが示された。

　その後1996（平成8）年に示された「幼稚園における園具・教具の整備の在り方について（報告）」をもとに、保育現場では遊具等の設置や扱いに工夫し、よりよい保育環境づくりを目指している。

保育のなかでの遊具の活用

　幼稚園や保育所におかれている遊具は、年齢を問わず比較的容易に遊べるものも多い。しかし同じ遊具でも、子どもたちが遊具に慣れてくると遊び方を工夫し、スピードやスリルを味わうことを楽しむようになり、遊び方が変化する。その場合は身体的な発達や複雑な技術や技能が必要となる。

　保育のなかで遊具を活用する場合は次の点に留意したい。

（1）設置場所・種類・数

　遊具、とくに固定遊具をどこに設置するかは重要である。遊具の位置によっては子どもたちの遊びをさえぎることもある。固定された遊具が園庭の見渡せない遠い位置に離れて設置されている場合は、保育者がどのように安全を確保できるかを考える必要がある。

　一方、以前行ったアンケートに一番熱中した遊具は何かという問いに対して、「ジャングルジム」と答えるものがあった。興味深いのでその理由を聞くと「職員室から一番遠くにあったから一番熱中できおもしろい遊具だった」というのである。このアンケートは、大人の管理から離れて子どもたちが子どもたち同士で遊びたいという思いをよく示している。もちろん安全への配慮は何よりも優先すべき事項である。安全を確保しながら子どもたちの遊びが充実し、熱中できる環境を確保するため、遊具をどのように配置していくかは大切である。

　このように遊具の設置には、子どもの遊び方や遊びの動線などに配慮する必要がある。また、その際には一年を通した日当たりの状況はどうか、夏の日差しは強すぎないか、冬の日差しは十分にあたるかなどを考える必要がある。

　また園庭におかれた砂場の道具や三輪車などの遊具は、その数の確保も必要である。たとえば、3歳児では、「赤あるいは青のスコップ」で砂を掘りたい気持ちを自分で納得して調整するという発達段階にはいたっていない。この場合は、同一の色や種類のスコップの数をある程度そろえておくことが必要である。また、就学前の子どもの発達は著しいものであり、経験による個人差が大きいことを考慮し、年齢・発達に見合い、子どもたちが興味・関心をもって活用できる遊具を準備しておきたい。

（2）使用の仕方

　幼稚園や保育所におかれた遊具があるとそれだけで、子どもは遊びに誘われる。それぞれの遊具には、遊具そのものに主たる遊び方が備わっている。すべり台は高いところからすべりおちる行為自体が楽しいものである。ぶらんこは自分の体が揺すられることが楽しい。

　やがて子どもたちは遊具に慣れてくると、スピードやスリル感を求めるように、より難易度の高い遊び方を工夫する。一人であるいは友だちといっしょに、遊具での遊び方を生

み出していく。もちろんその遊び方のなかには危険なものも含まれる。

　ぶらんこを例にしよう。年少児がぶらんこで遊ぶ場合、椅子の高さによって安定感は異なる。年少の子どもが地面に足が届かない高さのぶらんこをこぐ場合は、落下する可能性も高い。ぶらんこで遊ぶ子どもに近づくことで危険な目にあうこともある。前や後ろに柵を設けるのは、ぶらんこがゆれて、子どもにぶつかることを避けるためである。

　年上の子どもたちが楽しそうに遊具で遊んでいると、遊びはより魅力的に見え、年下の子どもたちや未経験の子どもたちも同じように遊んでみたいと思う。しかし先に述べたように、むずかしい遊び方には身体的発達や技術が必要である。園生活が長い子どもたちは、遊具の使い方、ルールを理解している。保育者が子どもたちに使い方やルールを教えるというだけでなく、子ども同士が自然な形で遊具の使い方やルールを教え合うことができるようにしたい。危険な使用の仕方をしている場合は、保育者に子どもたちが伝えてくれるといった関係づくりも重要である。保育者として遊具や道具の使い方を教え合う保育が実現できる方法を考えたい。

（3）安全の確保・点検・補充

　遊具そのものが安全に機能しない場合は、極めて危険である。遊具、とくに固定遊具が腐食したり、さびついたりして、大きな事故につながるケースもある。定期的に点検を行い、修理や修繕が必要な場合は直ちに行う。また目視による確認だけでなく、業者による安全管理を徹底することも、子どもたちが遊具を使って楽しく遊ぶための条件である。玩具では、安全な材質や塗料への配慮、破損した玩具の管理を徹底することが求められる。そして、点検後は子どもの数にふさわしい数がそろっているかなど、補充を行うことが必要である。

● 玩具・遊具と安全性

　保育における玩具はまずは安全であることが求められる。
　子どもたちがおもしろく、楽しく玩具で遊ぶためには、玩具が安全であることが条件である。
　玩具の安全については、次の3点を考える必要がある。
　① 対象年齢にふさわしい玩具であるか。
　② 安全・品質保証にかかわる検査を受けているか。
　③ 安全・衛生面に配慮して日常的に点検や修理、洗濯などが実施されているか。
　安全・品質保証については、次のような規定がある。
　わが国では社団法人日本玩具協会が、1971（昭和46）年に玩具安全基準（ST基準）を策定し、玩具安全マーク（STマーク）制度を創設した。ST基準は機械的安全性、可燃安全性、科学的安全性に関する基準をもち、ST基準適合検査に合格した玩具につけられる

玩具安全マーク
（日本玩具協会より）

盲導犬マーク

うさぎマーク

マークである。

　その他にも、「共遊玩具」の基準を満たすものとして、「盲導犬マーク」と「うさぎマーク」がある。「盲導犬マーク」は、視覚障がい児がいっしょに遊べる玩具に与えられ、晴盲共遊玩具を指す。手触りや音等へ配慮をして、目の不自由な人たちが手で触ったり、耳で音を聞いて確かめて遊ぶことができる玩具である。

　一方「うさぎマーク」は、聴覚障がい児が共に遊べる玩具を指す。耳の不自由な子どもたちは、市販されているほとんどの玩具で遊ぶことができるが、その玩具の音が遊びの重要な要素（たとえば、ゲームの結果を音で知らせる等）となっている場合は、十分に楽しめるとはいえない。また耳の不自由な子どもたちにとって大切であるコミュニケーションを楽しむための配慮などを設けたものを認定している。

> **column**　**おもちゃ図書館**
>
> 　1930年代、アメリカで玩具（おもちゃ）を手にすることができなかった子どもたちに、玩具を無料で貸し出す活動がはじまった。また1960年代、スウェーデンで、障がいのある子どもたちに玩具のすばらしさと遊びの楽しさを体験するなかで、子どもの成長を支える活動がはじまり、イギリスをはじめヨーロッパに広がった。日本では1981（昭和56）年の国際障害者年を契機に、「おもちゃ図書館」の活動がはじまり、全国各地で展開している。
>
> 　現在、「おもちゃ図書館」は、障がいのある子どももそうでない子どもも、ともに玩具での豊かな遊びを通して互いに育ち合う場を提供する活動を行っている。また保護者の子育て支援の役割を担っている「おもちゃ図書館」も多い。
>
> 　子どもたちが自分の好きな玩具に出会い、じっくりたっぷり玩具で遊ぶ体験ができるように、ボランティアでの活動が行われている。

玩具・遊具 実践 ①

基地づくりごっこ

大型積み木やダンボールなどを使って楽しむ

　「基地づくり」や「宇宙船ごっこ」はよく見られる遊びである。共通のイメージをもっている仲間同士で、自分たちだけの場所をつくって遊びを楽しむ。

　基地づくりは、子ども同士の人間関係が深まったことを示す遊びである。また基地づくりを通して、それぞれのイメージを伝え合いながら、子ども同士がより親密になる。

　基地づくりは、年齢によって遊びの様子が異なる。最初は、囲われた空間にいっしょに入ったり、出たりを楽しむ。3歳児では自分で大型の柔らかい素材の積み木や段ボールやときには保育用の椅子などを運んで、基地らしきものをつくるようになる。保育室や廊下の隅などの場所を選ぶことも多い。積み木や段ボールを一生懸命、運んで基地をつくり、ある程度の基地ができると壊す。このようなことをしばしばくり返しながら、次第に積み木の扱い方や素材の性質を理解していくようである。

　その段階がおわると積み木の種類や形をうまく利用して、基地づくりそのものにこだわるようになる。子どもがつくりたい形態の基地をつくろうとするのである。目的がはっきりしているので、動作も機敏である。また3歳児では、いろいろなものを基地のなかにもち込もうとするが、その段階がおわると、基地に必要なものが選ばれてもち込まれる。

　基地づくりは、特定の子どもたちだけで、あるいは大人や他の子どもたちから隔たった場所で、自分たちの遊びの邪魔をされないようにする特徴がある。そのため基地づくりをする子どもの姿は、ほほえましい面ばかりではない。友だちが「入れて」ほしいと言っても拒絶することも多い。ときには他の子どもに対して攻撃的な言葉になることもある。集団での活動を拒否する面もある。基地づくりが子どもの成長過程において、重要な意味があることを基地づくりのプロセスを確認しながら認めていきたい。

種類　保育室内での大型遊具等の種類

大型積み木

いろいろな形・種類の積み木がある。立方体、直方体、三角柱などの形を組み合わせ、構成遊びを楽しめる。木でできたものが多く、重量があり、安定感がある。

ソフト積み木

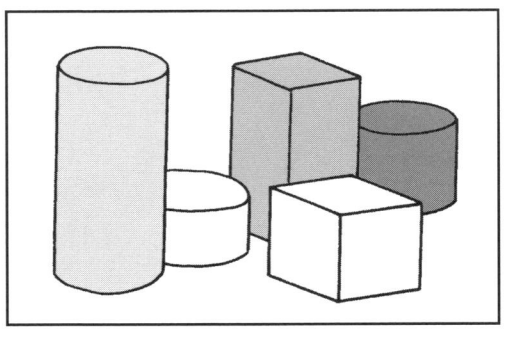

材質を工夫し、開発された軽量の積み木。カラフルで、軽いため小さい子どもでも扱いやすい。ウレタン製のものが多いが、汚れやすい面がある。

ダンボール

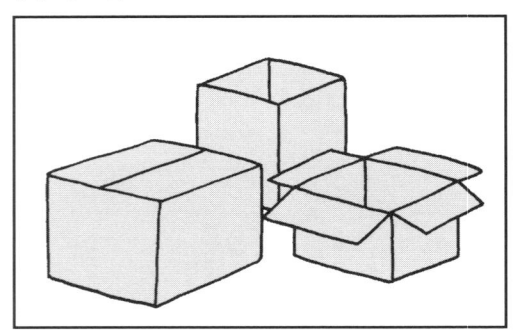

紙でできているので軽量で扱いやすい。可塑性もあるので形を変化させて遊ぶこともできる。現在では、さまざまな色、形、大きさのダンボールがあり、種類が豊富である。

つい立てや椅子

保育室のつい立てや椅子は、基地ごっこなど空間づくりに使われる。ついたてをしきりにしたり、椅子を円形に並べて、自分たちの空間をつくる。

保育への展開のまとめ

　低年齢の基地づくりでは積み木や大型段ボールを運ぶ際に、不安定な場合が多い。また積み木を積み上げる際にも、ぐらぐらして安定が悪い場合が多い。またある程度の基地をつくっては壊す遊びが見られるのも特徴である。子どもたちが運んだり勢いをつけて倒したり壊したときに、危険でないウレタン製の積み木など軽量の素材のものがあるとよい。

　基地づくりをおえて積み木を片づける際にも、楽しい遊びの要素を含むことで、子どもたちは積極的に片づけることができる。積み木の片づけは、形の認識や空間を理解するのに極めて有効である。どの大きさや形の積み木を重ねるときれいに（整然と）片づけることができるかなどを工夫し考えるようになる。使用した子どもたちだけでなく、大きな積み木や段ボールをみんなで協力して片づけることも他者と協力することを学ぶ機会となる。

| 玩具・遊具 実践 ② | アスレチックづくり |

保育室・遊戯室の遊具を使って楽しむ

　年長児になると、大型積み木、中型積み木、床上積み木、組み板、フラフープなどを工夫して保育室や遊戯室、あるいは広い廊下にアスレチックをつくるようになる。次にあげる事例にも見られるように、出発地点から到達地点までを積み木の種類や形を組み合わせてアスレチックがつくられる。

事例　アスレチック

　H子（5歳児）は、立方体の積み木を重ねて、段差をつけて道をつくる。ところどころ、中型積み木をおいて、渡る際にぐらぐら揺れるように道をつくる。S男（5歳児）たちは、三角柱の大型積み木に組み板を組み合わせて、シーソーのようなアスレチックをつくったり、大型積み木の上にはしごをかけて、橋にし、その下にはマットをひいた。
　年下の子どもたちが呼ばれ、アスレチック屋さんがはじまる。S男が年下の子どもたちに「○から○まで行くのわかった？」とやり方を教えている。H子は、シーソーを渡るときに不安定なところに立って、手をかして誘導している。T子（5歳児）たちは、いろいろな色の小型積み木は入場券に見立てて配り、ダンボールの箱に「にゅうじょうけんいれ」とペンで書いた。

　年長児にもなると具体的なイメージをもって、遊具を活用しながら遊び場をつくる姿が見られる。遊具の機能を使って十分に遊んだ経験をもとに、遊具の特色をうまく生かして空間を構成することができるようになる。子ども同士で遊び場をどのようにつくるかを相談したり、設計図を書いてから遊び場をつくる姿も見られるようになる。またいっしょに生活しているなかで、それぞれの友だちの個性をお互いによく理解しているので、相手の動きを見て、相手の考えを想像しながら、遊びに必要なものを加えることができるようになる。遊具を複雑に組み合わせながらスリルを味わえる場をつくったり、年下の子どもにとって、危ないと思われる場に立って補助したり、遊具で構成される場について十分理解を深めている姿がある。

種類 保育室内での玩具の一例

中型積み木

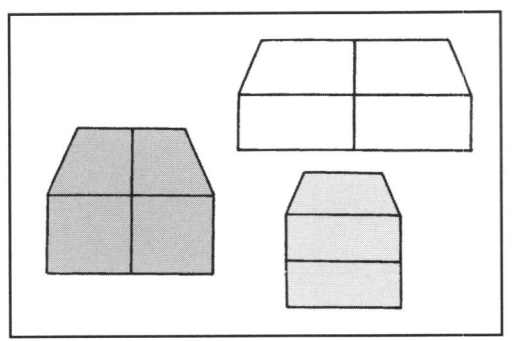

大型積み木より小さいため運びやすい。ショーを披露する際の舞台づくりやお客さんの椅子など、用途が多い。

小型積み木

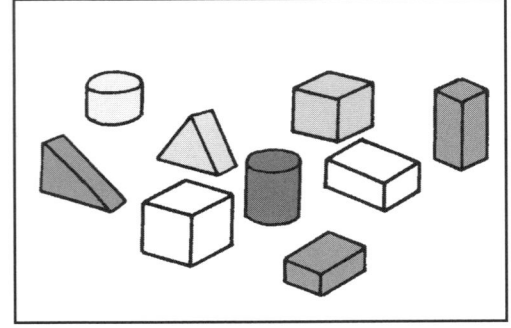

小さいために扱いやすく、高く積んで遊ぶこともできる。カラフルなものが多く、ごっこ遊びの小物などにも活用される。

組み板

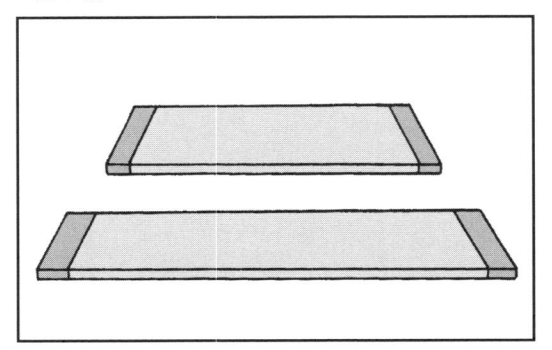

積み木と積み木をつなぐ役割を果たす。広い空間でのダイナミックな構成遊びに用いられる。

保育への展開のまとめ

年長児になると大型・中型・小型などサイズや形の異なる積み木、組み板などの他、園内にある使えそうなものをうまく利用してダイナミックな遊びを展開するようになる。また、空間を構成しながら、ものの使い方に工夫が生まれ、遊びに広がりが生まれる。

そのため子どもたちが使用してもよいものは子どもたちが取り出しやすいように、また片づけやすいように、普段から設置場所を考えておくことが大切である。

年長児になると大型積み木、はしごなど、重量があるものを運ぶようになる。これらを運ぶときの安定感もある。またむやみに組み立てたものを崩すことは少なくなるが、やはり重量がある分、崩れると危険でもあることを認識しておきたい。

保育室が狭い場合は、遊戯室を活用するなど、他の子どもたちの遊びの様子も考えながら、互いに邪魔にならないように、遊びが展開できるよう援助したい。

玩具・遊具
実践 ③

ごっこ遊び

いろいろなものを想像力を使って楽しむ

　子どもたちは保育室や廊下で、身のまわりの生活の様子を取り入れながら、美容室ごっこ、病院ごっこ、レストランごっこなどいろいろなごっこ遊びを行う。

　とくにままごとは「飯事」として、古い時代から子どもたちの遊びとして人気がある。保育室内におかれたままごとセットは、子どもたちがイメージをもって遊びやすい玩具の一つである。流し台、ガスコンロ、オーブン、冷蔵庫、食器収納などの大型の台所用品がおかれていることで、子どもたちは家庭での料理の様子を再現しやすい。また、鍋、まな板、包丁、お玉、食器などがあることで、より具体的なイメージをもちながら遊びを進める。

事例　ままごと

　A子（3歳児）「（蛇口をひねって）りんごを洗ってるの」、B子（3歳児）「フライパンで野菜を炒めなきゃ、そうそうお塩と胡椒も入れないと」など、台所のシンクの前では、たくさんの言葉を使ってやりとりが行われている。B子はフライパンに野菜を入れて、「油でしょ」「あら、お塩がないわ」という。するととなりにいたC子（3歳児）が、「はい、お塩」と小さな積み木をB子に渡す。B子は、「ありがとう」といって、手にもって積み木を塩のビンに見立てて振りかける。

　ままごと遊びでは、調理されたものはかならずといってよいほど、家族やレストランのお客さんにふるまわれる。テーブルが出され、椅子が用意される。テーブルの上にはナプキンがひかれ、コップやスプーン・フォークが準備される。最初は、本物に似たままごとセットがあることで、イメージをもつことができるが、徐々にままごと遊びが具体的なイメージをもって遊ばれるようになると、子どもたちはいろいろなものを見立てて、工夫して遊ぶ。

> **事例** ピザのトッピング
>
> 　5歳児がままごとをしていた。久しぶりのままごと遊びである。最初はY子が「夕飯ができたわよ」とままごとセットの既成のピザを出していた。「もっと食べたい」「ピザ大好き」の声が聞かれる。
> 　しばらくすると、Y子、K子、H子が、忙しそうにハサミで毛糸を切っている。はだいろの毛糸がたくさん切られていた。M子、T子は忙しそうに色紙を切っている。緑や赤の色紙がきれいに切られていた。「できた」「完了しました」というと、大量に切られた毛糸や色紙を色別に分け、紙皿にきれいに並べた。Y子が「これでトッピングの材料は完了」という。「いらっしゃいませ」「どのサイズになさいますか」「MサイズとLサイズがあります」「トッピングは何になさいますか」と、次々に注文の言葉をいう。ピザ屋さんが開店、紙皿には円形のピザの生地がおかれ、注文にしたがって色紙や毛糸がきれいに並べられていた。オーブンで焼きあがったピザはローラーで食べやすいように8等分されて運ばれてきた。

　子どもたちは日常の生活で経験したことを模倣して遊ぶ。既成の玩具は形などが正確でイメージをもちやすく遊びやすい。しかし、年齢が高くなると、子どもたちの頭のなかのイメージを今度はものを通して再現しようとする。

　たとえばフライパンや鍋に入れる具材は、既成の野菜やお肉だけでは十分でない場合も多い。ときにはどんぐりなどの木の実や草花、石ころなどの自然物、可塑性のある紙や毛糸などをうまく利用することで、料理のイメージがふくらみ、調理のメニューも多様となる。

保育への展開のまとめ

　既成のままごとセットの機能に合わせて遊んでいた子どもたちも、生活や遊びの体験を深めるなかで、自由にものを使って遊びが展開できるようになる。この段階では本物そっくりで使い方が固定されたものだけでなく、子どもの発想を生かし、工夫の余地のあるシンプルで可塑性のある素材も準備されることが望ましい。また、子どもたちのままごとを見ていると、かき混ぜたり、焼いたりする際の動作が大きいことがわかる。具材もたくさん入れる。かき混ぜたり、焼いたりする動作が十分にできる大きさの道具（もの）が求められる。

　最初は「調理をする」といったままごと遊びが、家族ごっこに展開することも多い。お母さんが料理をしている間、子どもたちは学校へ行くなど、学校ごっこと組み合わさることもある。遊びと遊びがつながり、内容が変化してくる。遊びの発展を考え、人形やぬいぐるみ、ふとん、赤ちゃんを背負う帯紐やキャリー、椅子や長椅子はベッドにもなるなど、いろいろな展開を考えてものを備えておきたい。ままごとセットの場所を動かすなども必要である。保育者も子どもたちの発想を実現するための工夫をいっしょに考えていくことが大切である。

　一方、低年齢の子どもの場合は、ある程度同じものを複数そろえておくことが必要である。また、小さい子どもは誤飲の危険がある。またなめることも考えられるので、材質、大きさなどを考えることが必要である。小さな玩具は、紛失しやすい。子どもたちが片づけやすいように配慮するとともに、保育者もしばしば玩具がそろっているかを点検し、必要ならば補充を心がけたい。

玩具・遊具 実践 ④ ブロック遊び

いろいろな形を試してみる・構成遊び

　組み立ててつなげることで、いろいろな形をつくることができる。年齢が低い子どもたちは、並べたり、つなげたりすること自体を楽しむ。つなげていくうちに長くなり、保育室の端から端まで並べることが楽しくなる場合もある。つないでいるうちに思わぬ形が生まれ、それを鉄砲や電車などに見立てて遊ぶ姿もある。年齢が高くなると、つくりたいもののイメージを明確にもってブロック遊びに取り組む。

　一人で熱中して遊ぶこともできるし、子どもたち同士で協力してつくることもできる。できたものがきっかけとなり、それを使って友だちと遊びはじめることもある。

　家庭でブロックに慣れ親しんできた子どもにとっては、家庭と園をつなぐ玩具として子どもに安心感を与える。

　A型ブロック、B型ブロックなど種類や大きさ、形はさまざまである。材質も、ポリエチレンやプラスチック製がある。またキャスターや車輪をつけることもできるブロックもあり、動かして楽しむこともできる。

種類　保育室内でのブロックの一例

B型ブロック

子どもにとって、つなげたりはずしやすいので、小さな子どもも遊ぶことができる。

レゴブロック

種類が豊富で部品も多様なため、いろいろなものをつくることができる。静かな時間にじっくり取り組むこともできる。

保育への展開のまとめ

　家庭でも広く遊ばれるブロックは、家庭と園をつなぐ玩具である。そのため、入園当初の不安定な時期に、手を動かしながら慣れ親しんだブロックで遊ぶことは心の安定をもたらす。ブロックを長くつなげたり、高く積み上げたりするなかで、手の巧緻性が養われ、長さや高さ、立体の感覚も養われる。また、年齢が高くなると大型の構造をもつものがつくられる。そのためには、子どもたちの思いが実現できる、ある程度の分量を確保しておくことが必要である。

　また、高く積み上げたものを崩すこともしばしば見られる。ポリエチレンやプラスチック製のものが多いため、破損部分があると、けがをしやすい。ブロックの破損を点検し、必要な数は補充したい。

玩具・遊具 実践 ⑤

パズル遊び

形を当てはめたり組み合わせて集中して楽しむ

枠あるいは枠なしの台紙にパズルのピースを並べて、絵などを完成する遊びである。紙でできたものもあれば木でできたもの、プラスチック製のものもある。

パズル遊びは、一人で集中して楽しむこともできるし、友だちと協力して完成させることもできる遊びである。パズルの難易度は、ピースの数によって変わる。また絵の細やかさや形によっても変わる。枠なしのものは比較的難易度が高い。

仲のよい友だちといっしょに「このピースじゃない？」「うん、こっちだよ」「(形を)反対にしてみて」などと考えを出し合い完成させることを楽しむ遊びでもある。子どもたちは途中しばしば、「できない」「むずかしい」「やめようかな？」などと弱音の言葉を発しながらも、自分で自分を励ましながら継続する場合が多い。

パズル遊びは昼食後の時間や雨天時、あるいは預かり保育などのゆったりした時間を過ごす玩具として用いられることが多い。

種類　保育室内でのパズルの一例

ジグソーパズル

枠がある場合はまわりの枠の絵を参考に並べることができる。枠なしの場合やピースによって難易度が変わる。

幾何学パズル

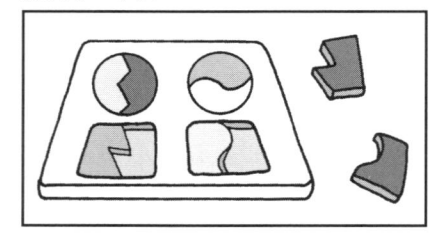

何枚かの見本がついており、その色や形を見ながら完成させていく。ややむずかしいが、いろいろな形を組み合わせて幾何学模様を完成することが楽しい。

保育への展開のまとめ

パズルは集中して考え、完成した際の喜びが大きい。根気強く完成できるよう、ときには、大人が「もう一息よ」「すごいね」などの励ましの言葉をかけることも、あきらめずに続ける気持ちを支えるのに有効である。またできあがった際に「見て」「できたよ」などの言葉もよく聞かれる。「よくがんばったね」など、完成を共に喜び、がんばってやりとおしたことを認める言葉をかけたい。完成した作品を「帰りの会」などで他の子どもたちに紹介することは、自信にもつながり、他の子どもたちの刺激にもなる。

パズル遊びは完成が一つの目標であるが、パズル片は紛失しやすい。残りの1ピースが足りなくて、完成にいたらないことは子どもにとってフラストレーションにもなる。パズル遊びでは、遊んだあとの片づけを大切にし、次回遊ぶためにあるいは他の子どもたちもパズルを使うことを伝え、ピースの紛失がないようにしたい。

玩具・遊具 実践 ⑥

すべり台

すべり台の機能を利用しながら工夫して遊ぶ

　すべり台は、すべることを楽しむ遊具である。高いところから地面までの傾斜をすべりながら、その速さやスピードを楽しむ遊具である。すべり台には、一方向だけでなく高低差のあるすべり台が組み合わさったものもある。また回転型のすべり台もある。

　すべり台は、本来は高いところから低いところにすべるものであるが、子どもたちを見ているとかならずといえるほど「逆のぼり」が見られる。すべり台の柵の部分をにぎって下から上に逆に登っていったり、立ったまま下から上へ登ろうとする姿も見られる。また頭からすべり落ちたり、立ったまますべったり、正座すべりなど多様なすべり方が見られる。年長児にもなるとすべり台に縄をくくりつけ、垂らして、その縄をつたって登るアスレチック遊びを生み出す子どももいる。砂をもち込んで、何人かの友だちと数珠すべりや段ボールをもち込んですべるスピードをあげる子どももいる。

事例　場所としてのすべり台

　すべり台の上の台座の部分は高い位置にあるので、開放感があるらしい。多くの子どもが上から手を振って、「先生、見てて」と声をかけてすべることが多い。
　４歳男児３人が台座の上で何か相談している。戦いごっこをしているらしい。すべり台の上は、他の子どもの遊びを見下ろし、様子をうかがうことができる。隊長役のＹ男が「○○たち、あそこにいるな。今、２人しかいない」「Ａは裏からまわれ」「了解です！わかりました」「行け」というと、Ａ男は、すべり台を急いですべって、裏から相手チームに向かっていった。一方、すべり台の台座の下の空間では、３歳児がおうちごっこをしている。砂や石をバケツに入れて運んできた。カップやスプーンやお玉がもち込まれ、料理がつくられていた。少し離れていたところにいたＫ子が「家に帰ってきます」と言って、すべり台の下の部分に戻ってきた。Ｋ子が「ただいま」「ごはんたべたい」というと、すべり台の下でお料理をしていたＹ子が、先ほどの５歳の言葉をまねたのか「了解です！わかりました」という。すべり台を共通の場として子ども同士のかかわりが見られた。

保育への展開のまとめ

　すべり台でしばしば見られる逆のぼりは、かならず見られる子どもの姿ではある。子どもたちの発達にとっての意味を考えながら、安全が守られるならばその姿も認めていきたい。しかし、上からスピードをあげて降りる人と逆さに上る人がぶつかる危険性は高い。異年齢で遊ぶ場合は、すべり台での遊びの経験が豊かな年長児がすべるタイミングと登るタイミングを見計らい、調整したりすることもできる。保育者が自然な形で譲り合いができるように、間に入ることもできる。遊具の使い方をめぐるタイミングのはかり方や自然な形での譲り合いは、人間関係においても重要な学びとなる。また事例に見られるように、すべり台を利用していろいろな遊びが行われている。すべり台の機能を広くとらえ、子どもたち同士の交流や異年齢同士が何気なく自然な形でいっしょに過ごす体験ができるように見守りたい。

| 玩具・遊具 実践 ⑦ | ぶらんこ |

スピードやスリルを味わい楽しむ

　ぶらんこは、前後に揺れる、揺することを楽しむ遊具である。ぶらんこで遊ぶ子どもや大人の姿は、歴史的な記録にも残されている。体が揺れることでスピードやスリルを楽しむぶらんこは古くから世界各地に広く見られる遊具である。

　小さい子どもは大人や年上の子どもに押してもらいながら、揺れる感覚やゆっくり揺さぶられることを楽しむ。やがて1人でこげるようになると、子どもたちはできるだけ「速く、高く」ぶらんこをこぐ。また立ち乗りや2人でこぐ姿や友だち同士でどちらが高くこぐことができるかを競い合う姿も見られる。ゲームの要素を含まれることもある。靴を投げてその距離を競う、ぶらんこから飛び降り着地し、その距離を競うなどがそれである。またぶらんこをぐるぐるまわしてねじり、元に戻る際の回転を楽しむ姿もある。

　もちろん、年齢が高くなっても、ぶらんこに乗ってゆっくり揺れながら、揺れ合うリズムを友だちと感じつつ、話を楽しむ子どもたちの姿も見られる。

保育への展開のまとめ

　ぶらんこは、1人でぶらんこに体をゆだね静かに揺れるだけでも遊ぶことができるので、新しい環境にすぐになじむことができない子どもにとっては安定の場所となりやすい。そのような場合は、ぶらんこを元気にこぐことを求めるよりも、ぶらんこに座りながら子どもが落ち着いてゆっくりと過ごす時間を大切にしたい。一人一人の子どもにとって、ぶらんこの意味が異なることを考えて援助したい。

　またぶらんこは、鎖の長さを変えたりすることで、遊びに変化が生まれる。年長児にもなると、高いぶらんこにチャレンジしたい気持ちが生まれるので、技術の程度など子どもたちの様子をよく見ながら、子どもたちと相談をしつつ高さを調整することで、ぶらんこでの遊びがいっそうおもしろさを増す。

　ぶらんこで遊ぶ子どもの前後に他の子どもが入り込むこと、またぶらんこの鉄塔の部分を使って鉄棒のように遊ぶなどには、十分配慮を要する。

玩具・遊具 実践 ⑧	## うんてい

体全体を使ってダイナミックに遊ぶ

　うんていは、ぶらさがったり、手を使って、はしご部分を渡る遊具である。最初はぶらさがることで精いっぱいだった子どもたちも、握力がつくに従い、次第に1つとばし、2つとばし、数段とばしなどができるようになる。1人でくり返し練習して、最後までうんていを渡れきることができるように自分の技術を磨く子どもも見られる。

　また4歳児、5歳児になると、2つのチームに分かれて、うんていの両端から進んで、じゃんけんをしたり、足をつかって相手を落とすなど、ゲームのように遊ぶ姿も見られる。鉄棒のように逆さにぶら下がってみたり、うんていのはしご部分の上を渡ろうとする子どもの姿も見られる。

保育への展開のまとめ

　うんていは、比較的小型のものから、高さのあるものまでサイズが異なる。3歳児くらいではぶら下がるのがやっとという場合も多い。手を使って渡ることができないのに、うんていのはしご部分にのぼってしまい、降りられなくなるといったケースもある。はしごの上の部分は高さがあるため、落ちると危険である。園で子どもの遊びの様子をよく観察しながら、子どもがうんていで遊ぶ場合は、「保育者がかならずそばにつくこと」「3歳児の最初の時期は使用しない」など、使用の際のルールを検討しておくことが重要である。

　また、保育者だけでなく、年上の子どもたちが使用のルールについて理解していることが安全につながる。

砂場遊び

玩具・遊具 実践 ⑨

砂や水の性質を使っていろいろな遊びを展開する

　砂場は小さい子どもから大人まで楽しめる場所である。最初は砂の感触を楽しみながら、砂をいじることが主であるが、やがて、素手あるいは砂場の道具を使って砂を掘る、積んで山をつくる、山を固める、トンネルを掘る、崩すなど、砂が自由に変化することが何よりもおもしろい。また砂場に水が加わると遊びはダイナミックになる。掘った穴に水を入れプールをつくり、砂のプールに入る。ダムや水路をつくって、砂場でさまざまな「工事」を行うなどの遊びができる。子どもたちは水路の脇を固くして、「こっちとこっちの道をつなげよう」、「もっと砂を掘って高くしないと水が流れない」、「補強、補強が必要」など、イメージを言葉にしながら遊びを展開する。自分たちで考えて、樋やホースなどを運んで、ダムから水を放出することもある。

　年下の子どもは水を運ぶ係りをするなど、いろいろな年齢の子どもがそれぞれの役割をこなす。また砂場の脇では、砂を使ったままごと遊びも行われる。ふるいを使って砂をこしたり、プリンカップでデザートをつくったり、カップに砂と水を入れてココアをつくったりして、いろいろな人が、いっしょに遊ぶ。あるいはいっしょに遊んでいるような感覚をもつことができる。砂場ではさまざまな子ども同士のかかわりが生まれている。子どもたちはこのような遊びを通して、砂や水の性質を体験的に理解していく。

保育への展開のまとめ

　砂場が魅力的になるためには、砂が大量にあること、また砂の可塑性が感じられることが必要である。かたく固まった砂場を掘り返すことは、子どもたちにとってはかなり力がいるので、固まった砂場では遊びをはじめにくい。

　砂場の魅力を増すためには、保育者が登園前の時間に砂を掘り返したり、学期あるいは年単位で、風などで量が減った砂場の砂を補充することが大切である。砂を掘り返す際には、砂場にガラスなどが落ちていないかも併せて点検したい。

また近年は、砂場の衛生が問題となっている。動物の侵入を防ぐネットや糞尿の汚染対策が必要である。

　砂場での遊びは水遊びとともに行われることが多い。汚れることがきらいな子どもたちが増えているので、焦らずゆっくりと砂のおもしろさに気づかせていきたい。また汚れた体を洗えるように、砂場遊び後の水洗いの準備を確認しておきたい。

　保育者もいっしょに手伝いながら、子どもたちが使った砂場道具を洗い、次回も使いやすいように片づけることも必要である。

おすすめ！ 文献

- 志田紀子『遊びとおもちゃ―ディベロップメンタルトイズガイドブック―』学陽書房、2003年
- トライプラス編『世界のおもちゃ　100選』中央公論新社、2003年
- 永田桂子『よい「おもちゃ」とは、どんなもの』チャイルド本社、2007年
- 森下みさ子『おもちゃ革命』岩波書店、1996年

演習課題 9

- 2～3歳児、4歳児、5歳児の各年齢で扱う積み木のサイズ、素材、形態を考えてみよう。
- 2～3歳児、4歳児、5歳児の各年齢で扱うパズルのピースの数を考えてみよう。
- 2～3歳児、4歳児、5歳児の各年齢で扱うブロックの種類や遊び方の違いを考えてみよう。
- 遊具での遊びを観察し、いろいろな遊び方を書きとめてみよう。
- 砂場で使われる道具をまとめてみよう。
- 砂場での各年齢の遊び方の違いを考えてみよう。

---

column　キャラクター玩具を超えて

　テレビや雑誌、映画などのメディアでくり返し掲載・放映されるキャラクターは、子どもたちの目にとまる機会が多く、その点で親しみやすく、子どもたちの生活に深く入り込んでいる。幼稚園や保育所では、キャラクターになりきって、そのままそっくりセリフや動きをまねて遊ぶ子どもたちの姿が多く見られる。子どもたちのなかには、キャラクターが使用する玩具そのものがないから遊べないという子どももいる。既存のイメージが強く、「○○がないと遊べない」、「（似たような形のものを）違う、こうじゃない」と、なかなか遊び出せない。

　しかし保育者が、子どものイメージをしっかり聞きながら、子どもたちの遊びに使いたい玩具をいっしょにつくり出すなかで、子どもたちは次第に変わってくる。自分のもっているイメージを、保育者や友だちに伝えながら、その過程のなかで、自分の思う玩具を独自につくり出すおもしろさに気づくようになる。

伝承遊び

伝承遊びとは

　伝承遊びとは、長い間、当時の子どもたちによって、遊ばれ続けている遊びの総称をいう。たとえば、鬼ごっこやかくれんぼ、だるまさんがころんだなどの集団で遊ぶものや、折り紙やこままわしなどのように、一人でも集団でも遊ぶことができるものなどがある。現在の子どもだけではなく、子どもの親や保育者自身も子どものときに遊んだ遊びでもあり、子どもの祖父母さえも遊んだ遊びである。さらに特徴的なのは、親も保育者自身も誰からその遊び方を教えてもらったのか、覚えていないのに、知っている遊びであることが多い。なぜなら、伝承遊びとは子どもから子どもへと伝承されてきた遊びだからである。子どもは、遊びを「自然に」覚えていく。「自然に」というのは、子ども自身が遊びに参加したいために、自らが遊び方を獲得していくからである。獲得の方法は、見てまねる学習方法である。子どもが他の子どもたちの遊びを見て、まねていくことでその遊び方を獲得していくのである。この獲得の仕方は、保育者が子どもに遊び方を指導して子どもにさせる方法とは真逆の位置にある。つまり、保育者が子どもに遊び方を教えていく、いわゆる教授型ではない方法で、子どもが遊び方を獲得していく特色がある。

伝承遊びの種類

　とはいえ、伝承遊びの種類は年々減少してきている。そのわけは、子どもから子どもへ伝承するためのシステムである子どもだけで構成される集団が少なくなっているからである。社会の変化によって、人々の住まい方が変わり、大人も子どもも、住んでいる地域で一つの集団としての活動をすることが非常に少なくなった。そのために子どもだけの集団が構成しにくくなったのである。その上、子どもの生命を狙う物騒な事件も発生しているので、子どもだけで長時間、戸外で、自由な行動を取ることがむずかしくなってしまった。実際に、大学生（1991年から1992年生まれ）100人に実施した、子どものころに遊んだ遊びの調査（p.26、表1、参照）からは、遊びの種類が減少してきた時代の子どもたちではあるが、伝承遊びの定番ともいえる、鬼ごっこ、かくれんぼ、かごめかごめ、花いちもんめなどの遊びをはじめ、折り紙やあやとりなど、一人でも遊ぶことができる遊びや、自

然物とかかわった遊びを体験していることがわかる。子どものころに遊んだ時間的な長さは、年々短くなっているのかもしれないが、子どものころに楽しかった記憶は忘れていないらしい。すなわち、遊びそのものの魅力は変わらないようで、「また、鬼ごっこで遊びたい」とか、「また、缶けりしたい」という。

● 伝承遊びの魅力

　これらの遊びは、強制的にさせられる活動ではないことが最大の魅力であろう。本来の遊びが伝承遊びにはあるからである。本来の遊びである伝承遊びには、人生の教育ともいえる重要な要素が詰まっている。まず、人の行動を見てまねる学習ができることである。また、集団で行うことが多いことから、他の人とどのようにかかわればよいのかを学習できることである。人間関係を築くことが困難な現代だからこそ、伝承遊びの体験は、子どもたちにとって大きな意味をもっている。さらに、他の人と肌と肌を触れる機会が多いことも特徴である。手と手をつなぐことや手と手を合わせること、手だけではなく、「押しくらまんじゅう」のように、体と体をくっつけ合ったりすることは、人々が親しくなるきっかけとなる。まだ、あまり親しくない人であっても、「みーかんのはーなが、さーいてーいるー」とうたいながら、ともにリズムを合わせながら、手を合わせ合ったりすることで、より親しい人間関係になる。

　親しい人間関係ばかりではなく、伝承遊びには競争の原理も働く。「鬼ごっこ」の「鬼」が走るのが速い人なら、すぐに次の「鬼」をつかまえることができるだろうし、反対に走るのがあまり速くない人が「鬼」ならば、「鬼」と「子」の駆け引きがはじまり、「鬼ごっこ」が複雑になっていく。親しい人間関係であっても、その駆け引きは真剣であり、容赦はない。

　また、「かくれんぼ」のように偶然性の楽しさも味わうことができる。努力して、できることだけではなく、「偶然」、隠れている友だちを見つけられたときのうれしさは忘れないだろう。偶然だけではなく、努力することによって、上手になることもある。折り紙を一生懸命に折って、自分がつくりたい作品をつくれるようになること、それもきれいに折れるようになることを目的に努力する。こまをまわすことも同じである。はじめは上手にまわせないが、上手にまわしている友だちに、コツを教えてもらったりしながら、努力を重ねることで、自分が思うようにまわすことができるようになり、その達成感は大きい。

　街中で、伝承遊びが見られなくなってしまった現在において、保育所や幼稚園のような保育現場で行われる伝承遊びの意義は限りない。課題としては、いかに伝承遊びを保育実践の場に定着させるかである。伝承遊びは、他の人のしていることを見てまねていくものであるので、たとえば年長児が活発に遊んでいれば、年中児や年少児は、自ずとそれを学習していくのである。それができるしかけを保育者がどのようにするのかが課題である。実際に考えてみよう。

伝承遊び 実践 ① あやとり

「あやとり」は糸や細い紐をつなげ輪にして、両手の親指と小指にかけて、中指で糸を引っかけて取り、そこでできた形を命名して楽しむ遊びである。一人で糸を操る「一人あやとり」と、相手の糸を取り合う「二人あやとり」がある。

遊び方　一人あやとり──ゴム

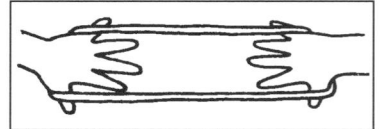

① 上のように紐をかけ、小指、親指のわきにかけて両手を開く。

② 親指で●の小指の紐をとる。

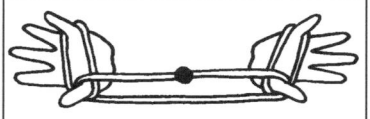

③ 小指で●の紐をとる。

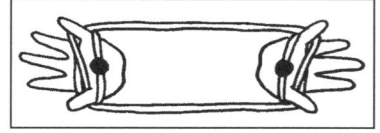

④ ●の紐をそれぞれ中指でとり、小指、親指にかけた紐をはずす。

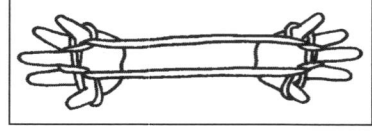

できあがり！
（伸びたり縮んだりする）

遊び方　二人あやとり──もちつきぺったん

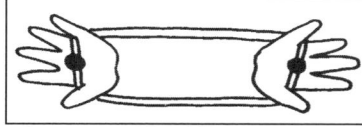

① 1人の子が●を中指でとる。

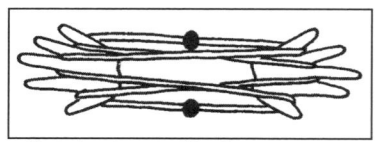

② もう1人の子が●の紐をとる。

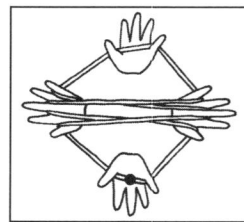

③ 中指で●の紐をとる。

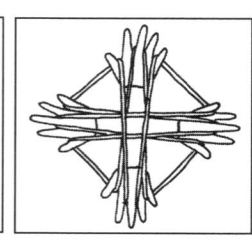

④ 2人とも中間以外の紐をはずす。

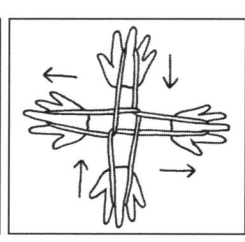

⑤ お互いの右手と右手、左手と左手を引っ張ったりたたいたりする。

保育への展開のまとめ

まず、あやとりを保育室にいつも用意しておきたい。さまざまな色の毛糸でつくり、子どもの目に触れるようにしておく。そして大事なことは、保育者が自ら、やっていることである。保育者がやっていること自体が子どもにとっては動機づけとなる。とくに、子どもに「やってみる？」などと言葉を出す必要はなく、保育者がおもしろそうに一生懸命やり続けることである。もし、子どもが「何してるの？」「僕もやりたい」と言ってきたら、そのときこそがチャンスとなる。子どもに応じて、すぐにできそうなものからはじめ、子どもにやり続けたいという意思があれば、もっと違うあやとりを伝えていく。保育室にとどまらず、家庭でも声をかけて、家で子どもといっしょに遊ぶように働きかけるのも大切である。

伝承遊び 実践 ②

絵描き歌

絵描き歌はもともとは歌をうたいながら、棒きれや小石で地面をひっかいて絵を描いて楽しむ遊びである。一人でも楽しんで遊ぶことができる。土などの地面が少なくなってしまった現在、紙に絵を描いて遊ぶことが多い。

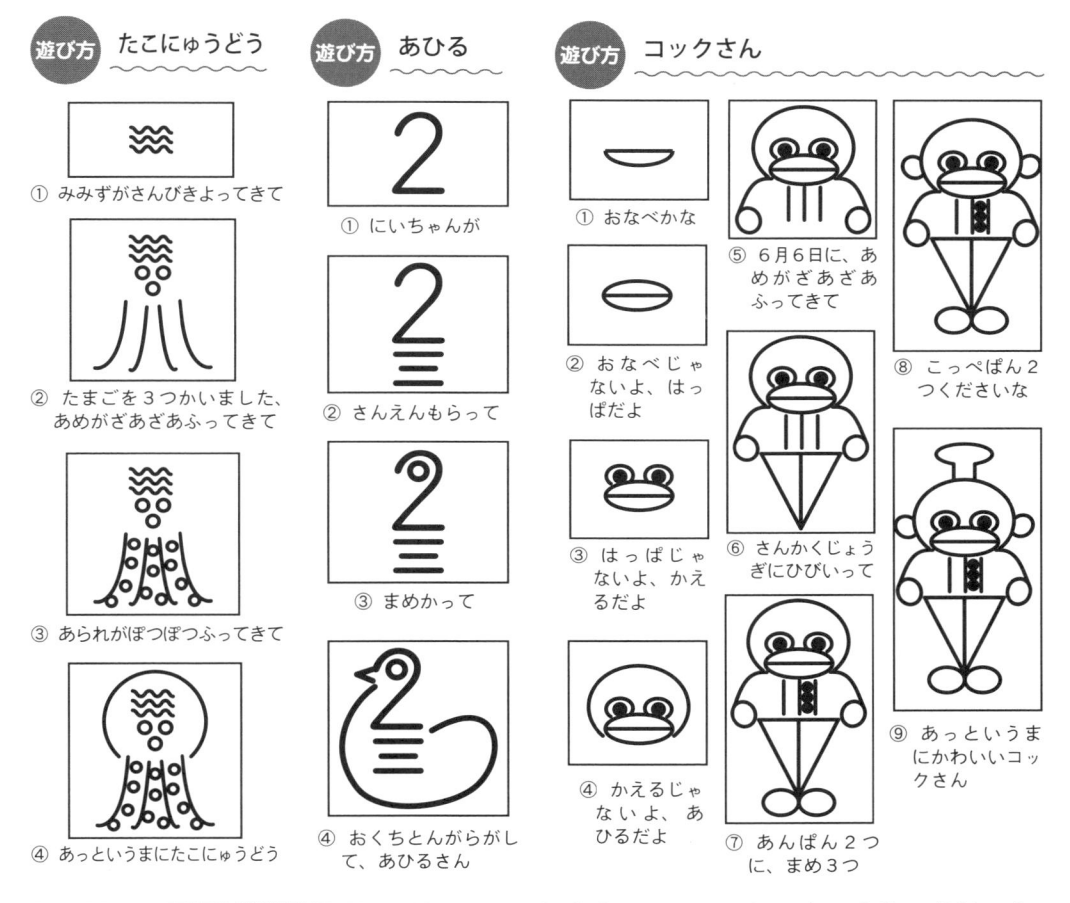

遊び方　たこにゅうどう

① みみずがさんびきよってきて
② たまごを3つかいました、あめがざあざあふってきて
③ あられがぽつぽつふってきて
④ あっというまにたこにゅうどう

遊び方　あひる

① にいちゃんが
② さんえんもらって
③ まめかって
④ おくちとんがらがして、あひるさん

遊び方　コックさん

① おなべかな
② おなべじゃないよ、はっぱだよ
③ はっぱじゃないよ、かえるだよ
④ かえるじゃないよ、あひるだよ
⑤ 6月6日に、あめがざあざあふってきて
⑥ さんかくじょうぎにひびいって
⑦ あんぱん2つに、まめ3つ
⑧ こっぺぱん2つくださいな
⑨ あっというまにかわいいコックさん

保育への展開のまとめ

絵描き歌は保育室のなかの黒板でも、広告の裏紙でも、園庭でも、いろいろな場所でくり広げられる。保育者がやって見せることで、子どもがやりたいと思うきっかけをつくることになる。絵描き歌は好きになると夢中になる活動である。保育者は子どもがまだ知らない絵描き歌を常に用意しておくといい。上手にできる子どもがいたら、その子どもに伝え手の役割を与える。絵描き歌は一人でするのも楽しいが、同時に何人かでするのもとても楽しいものである。絵描き歌の体験を通じて、友だち関係に発展することにもなる。絵描き歌は歌をうたいながら絵も同時に描くという行動を同時進行していくのだから、あまり幼い子どもには、子どもにさせようとするのではなく、保育者自身がやって見せることが大事である。そうしていくうちに、子ども自身がやっていくようになるのである。

伝承遊び 実践 ③ 鬼ごっこ

「鬼ごっこ」は、一般的に「鬼」という役割をとる人がいる遊びをいう。さまざまな遊び方があるが、「追いかけ鬼」などの追いかけっこを指すことが多い。

遊び方　鬼ごっこのいろいろ

色鬼

「鬼」が「○○色」と叫ぶと、子は「鬼」が指定した色を探して、触れることができないと、「鬼」はその子をつかまえて、「鬼」を交替する。「鬼」が指定した色に触れれば、「鬼」につかまえられることはない。

高鬼

子は地面より少しでも高いところにいれば、「鬼」につかまらない。子はジャングルジムやすべり台などのところに上がっていれば安全である。けれども、ずっと上がっているのでは追いかけっこにならないので、すなわちおもしろくないので、たいていは、子は「鬼」を挑発するかのように、「鬼」の目を盗んで、地面にさっと降りる。そこで、「鬼」はその子を追いかけ、子がつかまれば「鬼」は交替する。

しゃがみ鬼（すわり鬼）

子は「鬼」と追いかけっこをしていて、その場にしゃがめば（すわれば）、「鬼」にはつかまらない。一人の「鬼」が、数人の子を追いかけているので、子が逃げる機会は多く、「鬼」は子をなかなかつかまえることができない。

ひょうたん鬼

地面にひょうたんの形を描いて、子はそのなかにいる。「鬼」はひょうたんの形の外側を行き来して、形のなかにいる子をつかまえる。「鬼」は、ひょうたんを描いている線のなかには入ってはいけない。ひょうたんの形はかならず狭い部分があるので、そこを通るときには、「鬼」にとっては最高に都合がよいが、子にとっては「鬼」につかまる確率が一番高く、スリル感を味わう。

保育への展開のまとめ

鬼ごっこは2歳児からできる活動である。ただし、2歳児では、鬼役は保育者である。保育者が「追いかけるよ」と言いながら、子どもたちを追うと、子どもは喜んで少し逃げる。しかし、保育者につかまえてほしいので、すぐに止まって保育者を待つ。保育者が「つかまえちゃった」と言って、子どもの体に腕をまわすと、子どもは本当にうれしそうに笑う。つまり、鬼ごっこは親しい人間関係があるからこそ成立するということである。子どもだけでできるようになっても、親しい人間関係が基本である。さまざまな鬼ごっこの遊びがあるが、つかまえたいけど、つかまえたくない。同時に、つかまりたいけど、つかまりたくないという相反する気持ちが同居している。さまざまな鬼ごっこをする機会を提供したい。そのためにも、低年齢児に、年長児の遊ぶ姿を実際に見る機会を多くすることである。「自然に」子どもから、遊び出すことができるような環境を用意することである。

伝承遊び 実践 ④ 折り紙

　　正方形の紙を折り、何からの形に見立てて、飾ったり、遊んだりするものである。二次元の紙を折って、三次元の世界をつくり出したり、自分の知っている具体的な何かをイメージできるという折り紙遊びは子どもたちにとって魅力的な遊びである。また正方形の紙だけではなく、読みおえた新聞紙や広告の紙など身近なものでも紙ひこうきやかぶとなどをつくって遊ぶことができる。

遊び方　折り紙の折り方――つる

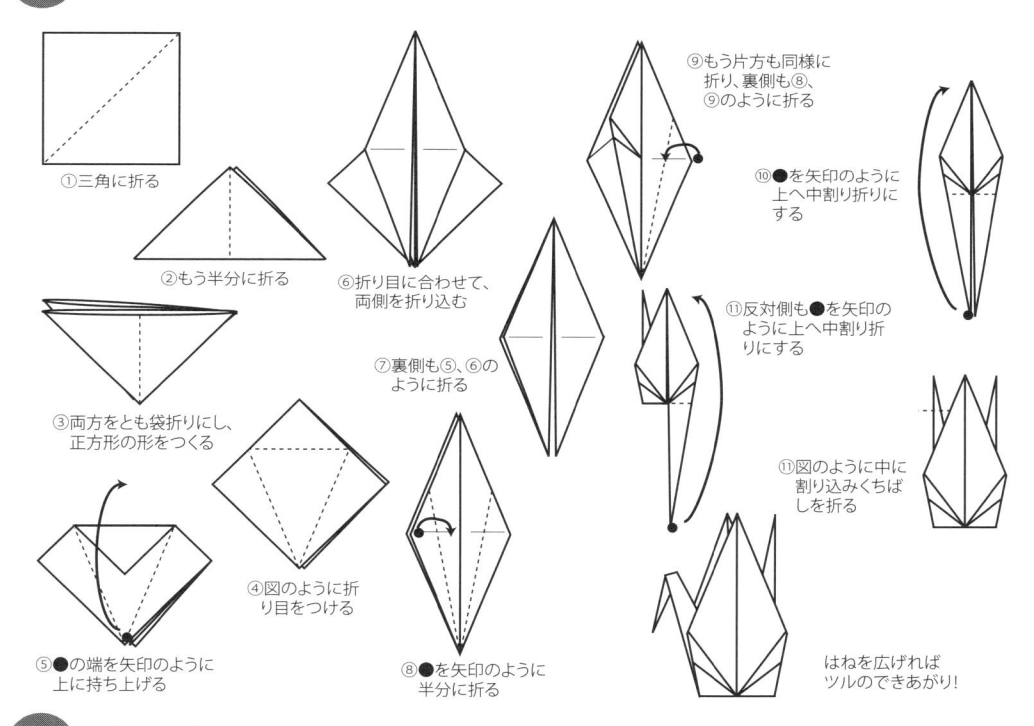

① 三角に折る
② もう半分に折る
③ 両方をとも袋折りにし、正方形の形をつくる
④ 図のように折り目をつける
⑤ ●の端を矢印のように上に持ち上げる
⑥ 折り目に合わせて、両側を折り込む
⑦ 裏側も⑤、⑥のように折る
⑧ ●を矢印のように半分に折る
⑨ もう片方も同様に折り、裏側も⑧、⑨のように折る
⑩ ●を矢印のように上へ中割り折りにする
⑪ 反対側も●を矢印のように上へ中割り折りにする
⑪ 図のように中に割り込みくちばしを折る

はねを広げればツルのできあがり！

遊び方　折り紙の折り方――紙ひこうき

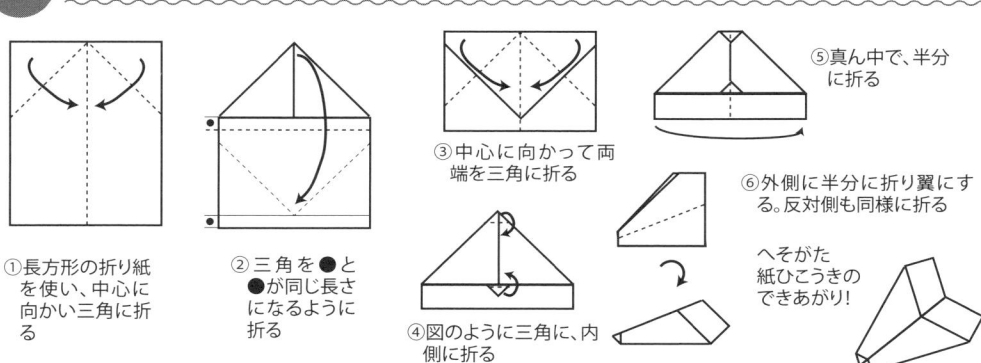

① 長方形の折り紙を使い、中心に向かい三角に折る
② 三角を●と●が同じ長さになるように折る
③ 中心に向かって両端を三角に折る
④ 図のように三角に、内側に折る
⑤ 真ん中で、半分に折る
⑥ 外側に半分に折り翼にする。反対側も同様に折る

へそがた紙ひこうきのできあがり！

遊び方　折り紙の折り方──折り紙くじ

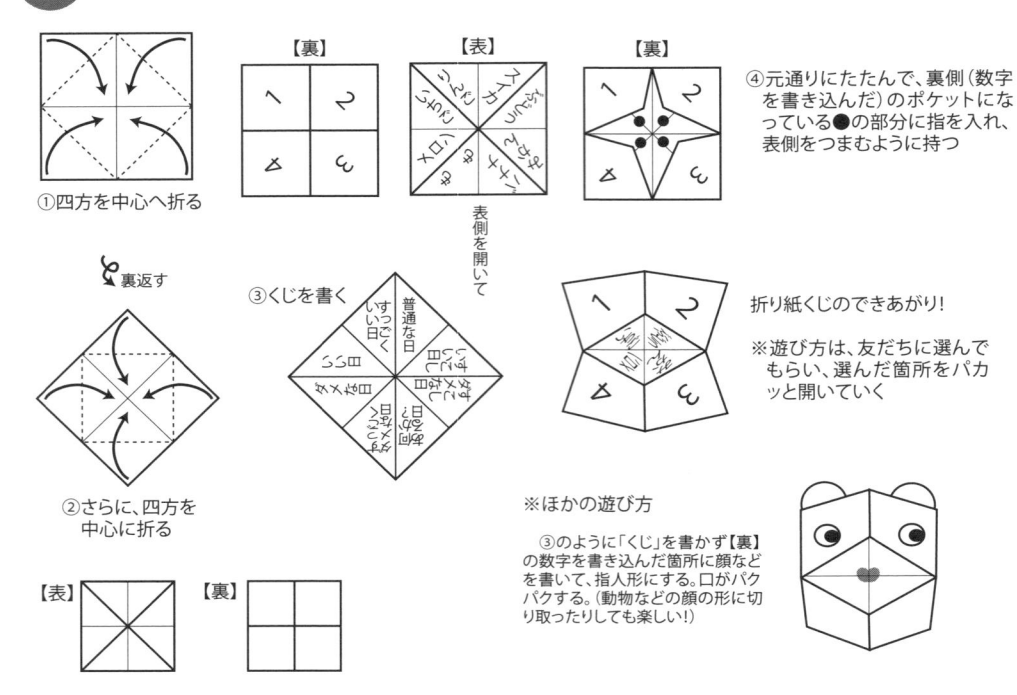

① 四方を中心へ折る

② さらに、四方を中心に折る

裏返す

【表】　【裏】

③ くじを書く

表側を開いて

④ 元通りにたたんで、裏側（数字を書き込んだ）のポケットになっている●の部分に指を入れ、表側をつまむように持つ

折り紙くじのできあがり！

※遊び方は、友だちに選んでもらい、選んだ箇所をパカッと開いていく

※ほかの遊び方
③のように「くじ」を書かず【裏】の数字を書き込んだ箇所に顔などを書いて、指人形にする。口がパクパクする。（動物などの顔の形に切り取ったりしても楽しい！）

保育への展開のまとめ

　紙を折るという行為は、1歳児からでも可能である。紙が身近な存在であるように環境として保育室に用意してあることは、折り紙をする機会が多くあることになる。色紙でなくてもよく、広告紙でも包装紙でもよいのである。ただし、きれいに正方形に整えておくことで、子どもには魅力的な紙となる。折り紙というと大人は鶴など日本古来のものをイメージするが、子どもにはもっと自由な発想を許してもよいだろう。けれども、子どもは大人のつくる作品には憧れを抱くものであるので、大人、すなわち保育者がつくる作品をつくりたいと思うようになる。もし子どもが「つくってほしい」と保育者に望んだら、保育者は子どもの目の前で、ゆっくりとつくってあげたい。子どもは何度も望むだろうが、それは折り紙を通して、保育者との人間的なやりとりを欲しているとも考えられる。そのようにしていくことで折り紙そのものの製作に魅力を感じるようになるだろう。

　折り紙をしていくことで集中力が養われるといえる。子ども自身がつくった折り紙も、保育者につくってもらった折り紙も、どちらも目に見える作品として大切に保存しておくことができるのもよい。保育者や親や祖父母につくってもらった作品は、そこには存在していない場合でも、子どもは他の人との信頼関係を確認して安心できるのである。

伝承遊び
実践 ⑤

かくれんぼ

　「鬼」の役割を決め、鬼の役割をとっている子どもが隠れている他の子どもたちを見つける遊びである。鬼になっている子どもが自分で目隠しをしたり、後ろを向いたりして見えないようにして、決められた数を数える。その間に他の子どもたちが隠れる場所を探して隠れる。鬼が「もういいかい？」と聞き、まだ隠れていない子どもは「まあだだよー」と答え急いで隠れる。再び、鬼が「もういいかい？」と聞き、隠れおわったら「もういいよー」と答える。鬼はその声を頼りに子どもたちを探して見つける遊びである。

　かくれんぼは隠れる場所がないと遊びにくいが、あれば、室内でも園庭でも遊ぶことができる。年齢が高くなればなるほどスリリングな遊びとなる。一人で他の人からすぐには見えない場所に潜み、「鬼」が来るのを待っているのは、本当にどきどきする時間だからである。まわりの物音に気を配り、「鬼」の足音がするかどうかを判断するのである。まわりの物音が大きければ自分も「鬼」がくるのがわからないので、比較的、静かな場所に隠れることが多い。それは、自らと対話している時間となる。ずっと後、成人し、老人になっても、この隠れていたときのことを思い出すことができるのは、この体験が意味深いものと考えられるのである。

保育への展開のまとめ

　かくれんぼの遊びをルールどおりにできるようになるには、子どもの成長を待たなければならない。たとえば、2歳児クラスでするのなら、保育者が「鬼」の役割をとる。子どもたちは子ども自身が目をつぶったり、両手で目を覆ったりして、自分が見えない状態になれば、その場所にしゃがみ、「鬼」に触れられるのを喜んで待つ。もちろん、一人で隠れることはできない。3歳児クラスでも、4歳児クラスでも、完全に子ども一人が「鬼」から隠れることはむずかしいようだ。保育所や幼稚園で行われる「かくれんぼ」は、隠れるときには複数の子ども、あるいは保育者がそこにいっしょに隠れることが普通である。「かくれんぼ」の遊びで、一人で隠れることができる子どもは、そのように成長した証しとなる。年齢に関係なく、保育者が子どもといっしょに遊んでみよう。いっしょに遊べば、一人一人の子どもの成長がわかるだろう。

伝承遊び 実践⑥　こま

　子どもも大人もこまをまわすことに夢中になる。「こま」を漢字で書くと「独楽」となる。現在では、お正月に子どもたちに遊ばれる玩具の一つとなっているようだが、こまは相当古い時代から大人にも遊ばれているものである。

　こまをまわすのには少しの技術が必要である。場合によっては、かなり高い技術が必要となる。この違いはこまの種類による。単純に指で芯を直接まわすもの、こまに糸を巻きつけてその糸を回転させることによって、こま本体をまわさせるものなどが一般的である。こまの回転力は強いので、回転するこまとこまがぶつかると、回転力が強いほうが弱いほうをはじく。これがかつて流行したベーゴマの遊びである。ベーゴマは特別にまわす場所を用意した。これを盆と呼んだ。地面でまわすより硬いシートの上でまわすほうが、ベーゴマがよく回転することをわかっていたからだろう。ベーゴマでは勝ったほうが負けたほうのこまを取れるという規則があった。このこまのやり取りが大人の賭けに通じるということで、学校という場で遊ぶことを禁止されたのだった。しかしながら、勝てば相手のこまを取れるという規則があったからこそ、子どもたちはベーゴマをすることに熱心であった。中途半端な気持ちでは負けて自分のこまをとられてしまうからである。

　現在ではこまのやりとりをすることはほとんどない。こまを回転させること、そのことを楽しむのである。なるべく長い時間、回転させるように工夫する。そのためには熱心に取り組む。大人の保育者より、上手にまわすことができる子どももいるのである。

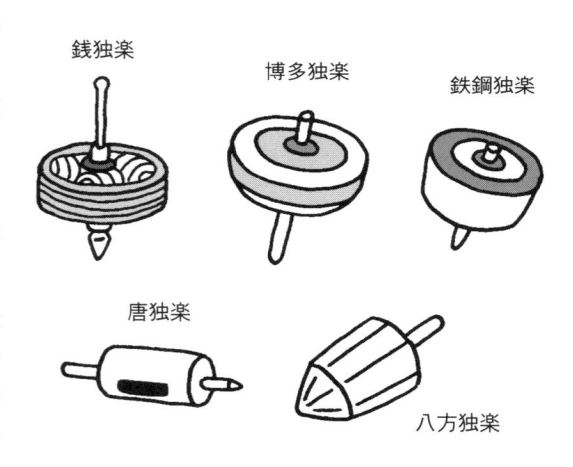

銭独楽　博多独楽　鉄鋼独楽
唐独楽　八方独楽

保育への展開のまとめ

　日常的にこまを保育室に用意してあることは、子どもが日常的にこまで遊ぶことができる環境を与えていることになる。こまといってもさまざまな種類があるのだが、もっとも子どもが扱いやすいこまのいくつかがあるとよい。そして、こまを用意するだけではなく、保育者が率先して、まわして見せることが重要である。保育者より、年長の園長が上手にまわすことができることも多い。こまを上手にまわせる大人は、子どもには魅力的な存在である。保育者自身が上手にこまをまわすことができることが子どもへの最大の動機づけとなる。

伝承遊び 実践 ⑦ たこあげ

たこあげは通常、お正月に行われる冬の遊びである。大空に風を受けて舞う「たこ」を自らの手で操り、たこの動きに合わせて走りまわることは相当おもしろく楽しいものだ。

遊び方　角だこの簡単なつくり方

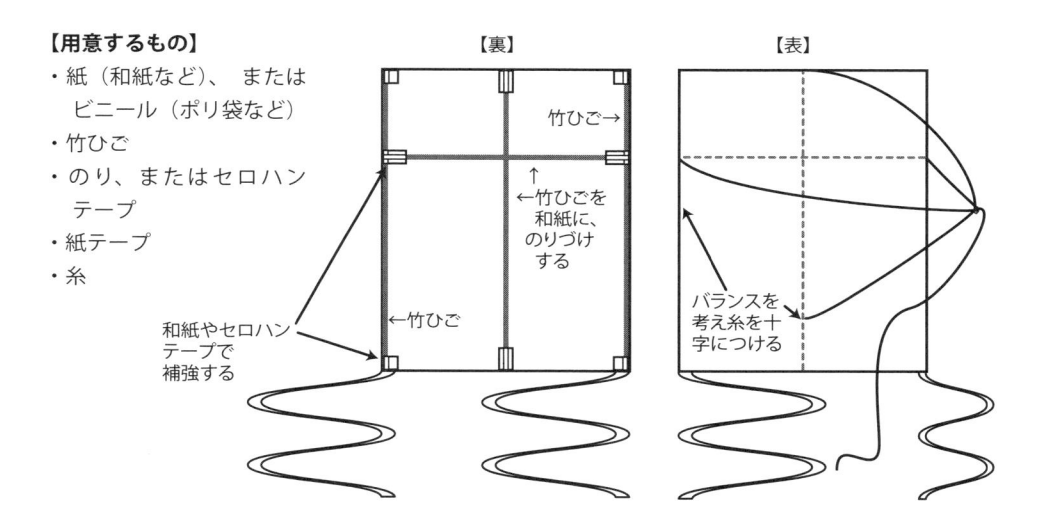

【用意するもの】
- 紙（和紙など）、またはビニール（ポリ袋など）
- 竹ひご
- のり、またはセロハンテープ
- 紙テープ
- 糸

【裏】
←竹ひごを和紙に、のりづけする
竹ひご→
←竹ひご
和紙やセロハンテープで補強する

【表】
バランスを考え糸を十字につける

保育への展開のまとめ

本来、たこあげは、お正月や地域によっては決まった時期に大人も夢中になってするものである。子ども自身がやってみたいと思うのは大人が真剣にやっている姿を見ることなので、もしも保育所や幼稚園がある地域に、定着した行事がある場合には、積極的に子どもに見せることである。そのような地域の行事がない場合には、まず、保育者や園長や、地域の年長の方のような大人が、いかにたこあげは魅力的なものであるのかを見せるところからやってみよう。

たこを何でつくるのかは保育者が子どもの発達の様子を見て、考えて、素材を提供すればよい。すでに完成しているたこを準備するのか、ビニールや竹ひごを用意するのか、竹を切るためには小刀も用意するのか等、つくり方を複雑にしたりすることで、時間をかけてたこをつくることができる。上につくり方の一例を紹介してあるので参考にしてほしい。ただし、しっかりと空を舞うことができるたこをつくることは子どもにはむずかしい。バランスをとるには大人の技術が必要である。子ども自身がつくることができるようにしたい場合には、一人一人、ていねいにかかわりたい。

伝承遊び 実践 ⑧ 花いちもんめ

　　　　　　　　　　　2組に分かれた子どもたちが対面し、歌に合わせて前進したり、後退したりしながら、それぞれのグループの代表がジャンケンをして勝つと相手のグループからメンバーが移動して増え、負けるとそのグループからメンバーが相手のグループへ移動して減るという、子どもが2つのグループを行ったり来たりする遊びである。

遊び方　花いちもんめ

① 2つの組に分かれ、それぞれ手をつなぎ向かい合って片方の組が、「ふるさとまとめて、はないちもんめ……」と、うたいながら3歩前へ歩き、足をけり出す。

③ 途中の回答で相談し、「○○ちゃんがほしい」「△△ちゃんがほしい」と、ほしい子どもの名前を言い、ジャンケンをする。

② 前に出た組は後退しながら、今度はもう一つの組が、うたいながら3歩前へ歩き、足をけり出す。問答しながら、これをくり返す。

④ ジャンケンで負けた子は勝った組へ行く。勝った組は「勝ってうれしいはないちもんめ……」とうたい、遊びがくり返される。

うた　花いちもんめ

（楽譜）

歌詞：
ふるさとまとめて はないちもんめ
もんめもんめ はないちもんめ
となりのおばさん ちょっときておくれ
おにーがこわくて いかれない
おふとんかぶって ちょっときておくれ
おふとんないから いかれない　お
かーまかぶって ちょっときておくれ　お
かーまないから いかれない
あのこがほしい あのこじゃわからん
このこがほしい このこじゃわからん
そうだんしよう そうしよう

保育への展開のまとめ

現在でも比較的、保育現場で子どもたちが遊んでいる遊びの一つであるので、子どもはこの遊びを実際に見ることがあるだろう。もしない場合には、自由に遊んでいる時間を使い、積極的に保育者が遊び出すとよい。子どもたちは、それまでにどこかで歌を聞いたり、何気なく他の子どもがしているこの遊びを知っていることがある。だからといって、完全に歌を覚えているわけではなく、遊び方もよく知らないことが多い。そこを保育者といっしょに遊ぶことによって、子どもには完全に子どもだけで遊ぶことができるようになっていくのである。

花いちもんめの遊びは異年齢でも遊ぶことができるので、年長児たちがリードすれば、2歳児からでもいっしょに遊ぶことが可能である。じゃんけんがまだしっかりできない子どもであっても、わかる子どもがいれば問題はない。いっしょに歌をうたうことが楽しく、いっしょに同じ動きをすることが楽しい。ときには、1組が10人以上というような

大人数の子どもたちで行っているのを見ることがある。保育者が強制的にやれといっても無理だろうが、子どもたち自身がやりたいと思ってはじめる活動は、計り知れない魅力があるようだ。

---

column 「花一匁」

「花いちもんめ」は漢字で表記すると「花一匁」となる。「匁」は現在では使用されていないが、重さの単位（1匁が3.75ｇ）でもあるし、江戸時代の金額（1匁が小判1両の60分の1）を示すものでもある。ただ、この遊びは江戸時代に著された文献にも明治時代に著された文献にも登場しない。だからといってそれ以後の大正時代にはじまった遊びであるとは簡単にはいえない。花いちもんめは「児買いを」、「子買い」とか、「子貰い」といった名称でも遊ばれている地域もあり、そのはじまりは定かではない。「匁」が重さを表しているものであるのか、金額を表しているものであるのか、未だはっきりしておらず、いろいろな説がある。

おすすめ！文献

- 小川清実『子どもに伝えたい　伝承あそび』萌文書林、2001年
- カイヨワ『遊びと人間』岩波書店、1972年
- かこさとし『日本の子どもの遊び』（上・下）青木書店、1979～1980年
- 加古里子『伝承遊び考1～4』（全4巻）小峰書店、2006～2008年
- 半澤敏郎『童遊文化史』（全5巻）東京書籍、1980年

演習課題10

- 道具を使わないで、仲間と遊んでみよう。遊んだら、おもしろかったのはなぜなのかを考えて記録しよう。
- なるべく多くの遊びを体験しよう。遊んだ遊びを思い出して記録しておこう。
- 道具を使って遊ぶ遊びをしよう。
- こま、たこ、お手玉などを実際につくって遊ぼう。
- 誰よりも上手にできるものを一つは身につけよう。

著者紹介

(※執筆順。執筆担当は、もくじ内に記載)

編著者 **小川 清実**（おがわ きよみ）　　東京純心大学 教授

東京生まれ。東京学芸大学教育学部卒業。お茶の水女子大学大学院家政学研究科児童学専攻修了。東京都市大学教授・大妻女子大学教授を経て、現在。全国保育士養成協議会副会長（平成26年より）。日本保育者養成教育学会会長（平成28年より令和3年）。

　　主な著書：『子どもに伝えたい 伝承あそび』（萌文書林）、『保育現象の文化論的展開』（共著、光生館）、『子どもと年中行事』（共著、相川書房）、『児童文化の研究』（共著、川島書店）他。

著者 **森下 みさ子**（もりした みさこ）　　白百合女子大学 人間総合学部 児童文化学科 教授

お茶の水女子大学大学院人間文化研究科博士課程単位取得退学。聖学院大学児童学科准教授を経て、現在。

　　主な著書：『江戸の微意識』（新曜社）、『江戸の花嫁』（中公新書）、『娘たちの江戸』（筑摩書房）、『おもちゃ革命』（岩波書店）、『児童文化』（共著、ななみ書房）他。

内藤 知美（ないとう ともみ）　　田園調布学園大学大学院 人間学研究科 教授

お茶の水女子大学大学院人間文化研究科博士課程単位取得退学。日本保育者養成教育学会副会長（令和4年より）。

　　主な著書：『コンパス保育内容言葉』『演習 保育内容言葉』（いずれも共著、建帛社）、『児童文化』（共著、ななみ書房）、『保育内容 人間関係』（共著、光生館）他。

河野 優子（こうの ゆうこ）　　元武蔵野大学・共立女子大学 非常勤講師

お茶の水女子大学大学院家政学研究科児童学専攻修了。
武蔵野興業株式会社 常務取締役。

　　主な著書：『児童文化』（共著、ななみ書房）、『コンパス保育内容言葉』（共著、建帛社）。

小林 由利子（こばやし ゆりこ）　　明治学院大学 心理学部・同大学院 心理学研究科 教授

イースタン・ミシガン大学大学院演劇学部子どものためのドラマ/演劇MFA修了。英国立エクセター大学ドラマ学部客員教授、国際児童・青年演劇協会日本センター理事等。

　　主な著書：『保育に役立つストーリーエプロン』（萌文書林）、『ドラマ教育入門』（共著、図書文化社）、『やってみよう！ アプライドドラマ』（編著、図書文化社）、『学校という劇場から—演劇教育とワークショップ』（共著、論創社）他。

< イ ラ ス ト ＞　鳥取秀子
< 扉 写 真 ＞　齋藤麻由美
< 　装　　丁　＞　レフ・デザイン工房

演習　児童文化
保育内容としての実践と展開

2010年11月13日　初版発行	編著者　小川清実
2023年 4 月 1 日　第12刷	発行者　服部直人
	発行所　㈱萌文書林

〒113-0021 東京都文京区本駒込 6-15-11
tel(03)3943-0576　fax(03)3943-0567
(URL) https://www.houbun.com
(e-mail) info@houbun.com

印刷／製本　シナノ印刷(株)

＜検印省略＞

©Kiyomi Ogawa 2010,　Printed in Japan　　ISBN 978-4-89347-144-4　C3037